W0310471

Mit Online-Materialien!

deutsch.training

PRINTMEDIEN

Arbeitsheft für die Klassen 7–10

Sabine Utheß
auf der Grundlage von Materialien
aus deutsch.punkt und deutsch.werk

Ernst Klett Verlag
Stuttgart · Leipzig

INHALT

ZEITUNGSPROJEKTE DURCHFÜHREN 48

WERBUNG IN PRINTMEDIEN ANALYSIEREN 58

WIE EIN BUCH ENTSTEHT 68

ÜBEN UND ANWENDEN 72

ANHANG 94

SCHÄTZE DEINE LERNFORTSCHRITTE SELBST EIN

Diese Kapitel habe ich bearbeitet:

KAPITEL	SEITE	BEARBEITET AM	PRÜFE DICH SELBST ERLEDIGT AM	ÜBEN UND ANWENDEN ERLEDIGT AM
Vielfalt der Presseerzeugnisse	6			
Aufgaben der Zeitungen und Zeitschriften	7			
Aufbau und Layout von Tageszeitungen • Die Titelseite • Die einzelnen Ressorts • Der Weg der Nachrichten	 8 10 12			
Informierende Textsorten untersuchen (Meldung, Nachricht, Bericht)	18–21			
Meinungsäußernde Textsorten untersuchen • Der Kommentar • Der Leserbrief • Die Rezension • Die Glosse	 22–24 25 26 f. 28			
Texte zwischen Information und Meinungsäußerung untersuchen • Die Reportage • Das Interview	 29–31 32 f.			
Sich in der Welt der Werbung orientieren	58 f.			
Der Aufbau von Werbeanzeigen	59 f.			
Werbestrategien	60 f.			
Sprache der Werbung	62–64			
Werbung gestalten	65			

Diese Kapitel habe ich bearbeitet:

KAPITEL	SEITE	BEARBEITET AM
Schlagzeilen und Nachrichtenwerte	38–41	
Die Glaubwürdigkeit von Bildern und Zahlen	42 f.	
Meinungsbildung in Medien	44–47	
Wie ein Buch entsteht	68–71	

Diese Übungen aus dem Kapitel „Üben und Anwenden“ habe ich bearbeitet:

Sich in Zeitungen und Zeitschriften zurechtfinden

AUFGABE	BEARBEITET AM	AUFGABE	BEARBEITET AM
Seite 72/1		Seite 75/1, 2	
Seite 73/1, 2		Seite 76/1	

Textsorten in Zeitungen untersuchen

AUFGABE	BEARBEITET AM	AUFGABE	BEARBEITET AM
Seite 77/1, 2		Seite 82/1, 2	
Seite 78/1		Seite 83/1–3	
Seite 79/1, 2		Seite 85/1–4	
Seite 80/1–4		Seite 86/1, 2	
Seite 81/1–3		Seite 87/1	

Werbung in Printmedien analysieren

AUFGABE	BEARBEITET AM	AUFGABE	BEARBEITET AM
Seite 88 f./1, 2		Seite 92/7	
Seite 89/3		Seite 92/8	
Seite 91/4		Seite 93/9	
Seite 91/5		Seite 93/10	
Seite 91/6		Seite 93/11	

So habe ich zum Thema „Zeitungen und Zeitschriften“ weitergearbeitet (siehe Impulse zur Weiterarbeit, Seite 48):

Diese Projekte zum Thema „Printmedien“ habe ich durchgeführt:

Das kann ich gut:

Das habe ich gut gelernt:

Das muss ich noch üben:

1 Vielfalt der Presseerzeugnisse

PRESSE

Zeitschriften

- ☐ Fachzeitschriften
  - Kunst
  - Wissenschaft
  - Didaktik
  - …
- ☐ Nachrichtenmagazine
  - Politik
  - Wirtschaft
  - …
- ☐ Themenorientierte Zeitschriften
  - Auto
  - Computer
  - Freizeit
  - …
- ☐ Zeitschriften für bestimmte Lesergruppen
  - Jugendliche
  - Frauen
  - Heimwerker
  - (Hobby-)Köche
  - …

Zeitungen

- ☐ Wochenzeitungen
- ☐ Tageszeitungen
  - Abonnementzeitungen
  - Boulevardpresse

1

2

3

4

1 Ordne die Presseerzeugnisse den Ästen des Organigramms (Schaubilds) zu. Mehrfachzuordnungen sind, vor allem bei den Zeitschriften, möglich.

! 2 Überlege, worin der Unterschied zwischen Zeitungen und Zeitschriften besteht. Notiere Stichpunkte.

____

____

____

____

2 Aufgaben der Zeitungen und Zeitschriften

Zeitungen und Zeitschriften sind in regelmäßiger Folge erscheinende, grundsätzlich jedermann zugängliche Druckmedien. Sie haben drei wichtige Funktionen: Informieren, Unterhalten und Meinungen bilden.

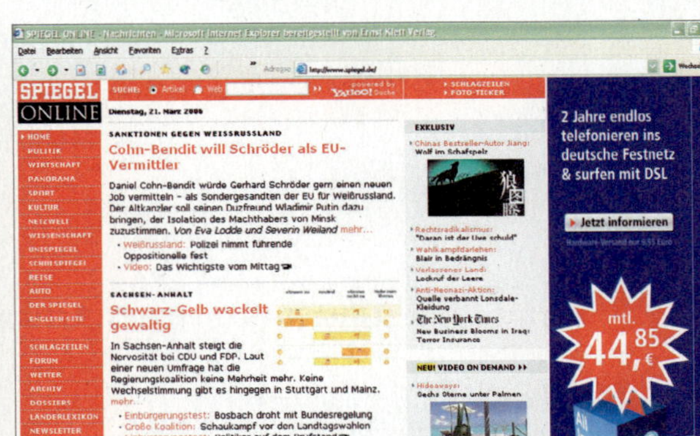

1 Überlege dir anhand der Bilder, warum, wie und wo du Zeitschriften und Zeitungen am liebsten liest.

2 Notiere in Stichworten, mit welchen Absichten du verschiedene Teile einer Zeitung liest.

---

3 Aufbau und Layout von Tageszeitungen

3.1 Die Titelseite

Die Titelseite wird auch als „Schaufenster einer Zeitung“ bezeichnet. Sie enthält eine Auswahl der bedeutendsten Nachrichten eines Tages. Im Zentrum der Titelseite steht der Aufmacher – die wichtigste Nachricht des Tages. Was auf der Titelseite in Kurzform steht, wird häufig auf den folgenden Seiten ausführlicher dargestellt oder auch kommentiert. Besonders wichtig ist auch das Layout der Titelseite (die Anordnung und Gestaltung von Texten und Bildern).

Typischer Aufbau einer Titelseite

Typischer Aufbau eines Artikels

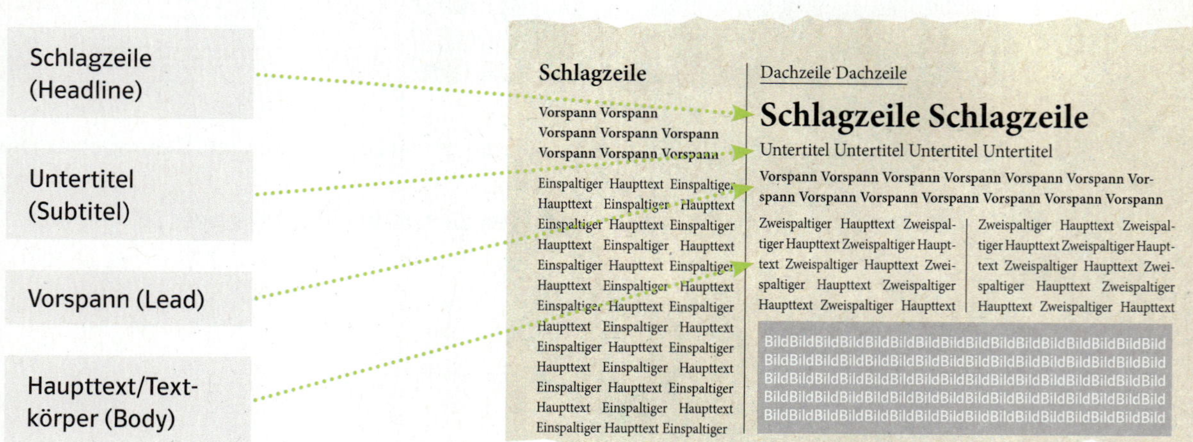

Kölner Stadt-Anzeiger

KÖLNISCHE ZEITUNG

UNABHÄNGIG – SEIT 1802 – ÜBERPARTEILICH

Mittwoch, 1. März 2006 · Nr. 51 · SKL · D: 0,90 €

Sein Leben ist Kino Jake Gyllenhaal ist ein Oscar-Favorit KULTUR, S. 23

Die Glückssträhne hält an Der Abenteuerspielplatz Las Vegas investiert in neue Mega-Projekte REISEN

Quereinsteiger gesucht Spätstart ins Lehramt HOCHSCHULE, SEITE 32

Erstmals Katze an Vogelgrippe verendet

Bislang europaweit einmaliger Fall

GALAKTISCH SCHÖN

www.ksta.de

RHEIN-ERFT

S-Bahn ist einen Schritt weiter

SPORT

Punkt für die Haie

TAGESTHEMA

Merz klagt in Karlsruhe

POLITIK

Wirbel um BND

WIRTSCHAFT

Abfindung als Trost

WETTER

Experten sehen positiven Trend am Arbeitsmarkt

100 Tage vor dem WM-Start Podolski soll gegen Italien spielen

Köhler lobt die Regierung

KÖLN, DIE NARREN UND DER ASCHERMITTWOCH

Der Goldnebel des Grauens

VON PETER BERGER

1 Untersuche diese Titelseite. Finde heraus, welche Elemente sie enthält, und beschrifte diese. Bestimme auch deren Funktion.

2 Notiere daneben, aus welchen Bereichen die Texte stammen. Welche Texte verweisen auf den Innenteil?

3 Suche einen Artikel, der Schlagzeile (Headline), Untertitel (Subtitel), Vorspann (Lead) und Textkörper (Body) aufweist. Kennzeichne und beschrifte diese Elemente.

!4 Analysiere die verschiedenen Gestaltungsmittel des Layouts (z. B. Schrifttypen, Schriftgrößen, Spalten, Rahmen, Balken, Fotos, Grafiken). Nummeriere sie und fertige eine Legende an. Arbeite im Heft.

5 Beschreibe den Aufbau der Titelseite in Stichworten.

3.2 Die einzelnen Ressorts

Von einer Tageszeitung erwarten die Leserinnen und Leser, dass sie über viele verschiedene Themen auf dem Laufenden gehalten werden. Deshalb gibt es in Zeitungen verschiedene Ressorts (von franz. ressortir „zur Zuständigkeit gehören, unterstehen"):

- **Politik** (politische Themen von überregionaler oder internationaler Bedeutung)
- **Wirtschaft** (Themen von überregionaler oder internationaler Bedeutung, auch manchmal politische, die überwiegend das Wirtschaftsleben betreffen)
- **Kultur** (auch: Feuilleton; Themen wie Literatur, Musik, Theater, Medien oder Gesellschaft)
- **Sport** (nationale und internationale Sportthemen, manchmal auch Regionalsport)
- **Lokales** (Themen aller Art, die nur für eine Stadt oder Region von Bedeutung sind)

Konzernchefs mit Gewinnen zufrieden ______________________

Bayern München weiter auf Erfolgskurs ______________________

Kunstausstellung als Publikumsmagnet ______________________

Bundestag beschließt neue Gesetze ______________________

Neue Ampel am Rubensweg ______________________

1 Ordne die Schlagzeilen den einzelnen Ressorts zu.

2 Welche Ressorts interessieren dich? Begründe deine Aussage.

3 Erfinde Schlagzeilen für die verschiedenen Ressorts. Gestalte sie dementsprechend.

In Gelddingen sind die Bürger „Analphabeten"

■ **Bonn** – Die Verbraucherzentralen in NRW reagieren auf das äußerst beschränkte Wissen der Bürger über Chancen und Gefahren der Geldanlage. Mit gezielten Geldanlageseminaren wollen die Zentralen nun vor allem junge Leute und ältere Menschen informieren, wie die sehr unterschiedlichen Anlageprodukte funktionieren und worauf vor dem Einstieg besonders zu achten ist. Für den Laien ist der Markt weitgehend unübersichtlich.

Kölner Stadtanzeiger 01. 03. 2006

Berliner Linke auf Abwegen

Streit in der WASG: Kandidatur mit oder ohne Linkspartei

Treten die zwei Parteien bei den Wahlen zum Abgeordnetenhaus getrennt an, ist die gemeinsame Bundestagsfraktion nicht zwangsläufig bedroht.

■ **Berlin** – Die rund 850 Berliner Mitglieder der WASG können seit Dienstag in einer Urabstimmung entscheiden, ob es eine Zusammenarbeit mit der Linkspartei bei der Abgeordnetenhauswahl am 17. September gibt.

Kölner Stadtanzeiger 01. 03. 2006

Unsicherheit bei Real nach dem Rücktritt

■ **Madrid** – Der überraschende Rücktritt von Präsident Florentino Perez hat die Krise bei Spaniens Fußballrekordmeister Real Madrid verschlimmert. „Perez hinterlässt Real im Niemandsland", schrieb die Zeitung „Sport" am Tag danach. Der 58-Jährige hatte sich nach dem 1:2 bei Abstiegskandidat Real Mallorca gezwungen gesehen, am Montagabend ein Signal zu setzen.

Kölner Stadtanzeiger 01. 03. 2006

Munch-Bild eingefordert

■ **Wien** – Marina Mahler, die Enkelin von Alma Mahler-Werfel, fordert jetzt erneut die Rückgabe des Gemäldes „Sommernacht am Strand" von Edvard Munch, das bisher in der staatlichen Galerie Belvedere in Wien hängt. Der österreichische Kunstbeirat hatte die Rückgabe 1999 abgelehnt. Marina Mahlers Großmutter Alma hatte das Gemälde „Sommernacht am Strand" 1937 der österreichischen Galerie Belvedere für zwei Jahre geliehen.

Kölner Stadtanzeiger 01. 03. 2006

: 4 Finde heraus, zu welchem Ressort die Artikel jeweils gehören.

! : 5 Vergleiche verschiedene Tageszeitungen. Welche Ressorts finden sich in allen Zeitungen täglich wieder? Welche tauchen nur einmal in der Woche auf?

TÄGLICHE WIEDERKEHRENDE RESSORTS	WÖCHENTLICHE RESSORTS

3.3 Der Weg der Nachrichten

Nachrichten gelangen auf verschiedene Weise an die Zeitungen. Die wichtigsten Quellen für Informationen sind:

- **Eigenrecherche:** Journalisten einer Zeitung nehmen selbst an einem Ereignis teil oder untersuchen einen Sachverhalt. Bei solchen Artikeln wird meist der Name des verantwortlichen Journalisten genannt.
- **Pressekonferenz:** Die Beteiligten an einem Ereignis oder an einer Sache laden Pressevertreter ein und informieren sie über ihre Sicht der Dinge.
- **Pressemitteilung:** Vor allem Firmen und Institutionen geben schriftliche Stellungnahmen an Zeitungen und Presseagenturen weiter. Artikel, die aufgrund einer Pressekonferenz oder -mitteilung entstanden sind, weisen meist ein Namenskürzel (zwei oder drei Buchstaben) auf.
- **Nachrichtenagenturen:** Nachrichtenagenturen sind weltweit tätige Dienste, die Zeitungen mit den neuesten Meldungen und Informationen versorgen. Wenn eine Zeitung eine Meldung einer Agentur abdruckt, muss sie für diese Leistung bezahlen. Ob eine Meldung von einer Agentur stammt, erkennst du an bestimmten Buchstabenkürzeln, die vor oder hinter einem Artikel stehen.

afp – dpa – rtr – ap – ddp – sid

! : 1 Informiere dich über diese bekannten Nachrichtenagenturen. Notiere, wofür die Abkürzungen stehen, sowie wichtige Informationen über diese Agenturen, z. B. ihren Sitz, ihre Arbeitsweise, …

2 Werte das Schaubild aus und fertige ein kurzes Flussdiagramm an. Arbeite im Heft.

3 Schreibe mithilfe des Schaubildes einen zusammenhängenden Text mit dem Titel „Der Weg der Nachrichten".

____

____

____

____

____

____

4 Prüfe dich selbst

Kann ich zwischen Zeitungen und Zeitschriften unterscheiden?

1 Ordne die Presseerzeugnisse den Ästen des Organigramms (Schaubilds) zu. Mehrfachzuordnungen sind auch möglich. Informiere dich im Internet, wenn du eine Zeitung oder eine Zeitschrift nicht kennst.

PRESSE

- Zeitungen
  - ☐ Tageszeitungen
    - ☐ Abonnementzeitungen
    - ☐ Boulevardpresse
  - ☐ Wochenzeitungen
- Zeitschriften
  - ☐ Fachzeitschriften
  - ☐ Nachrichtenmagazine
  - ☐ themenorientierte Zeitschriften
  - ☐ Zeitschriften für bestimmte Lesergruppen

1

2

3

4

5

6

7

2 Notiere in der Tabelle, worin der Unterschied zwischen Zeitungen und Zeitschriften besteht.

ZEITUNGEN	ZEITSCHRIFTEN

Kann ich die wesentlichen Aufgaben einer Tageszeitung benennen?

3 Lies dir den Artikel durch. Welche für eine Tageszeitung typische Aufgabe erfüllt er?

Annäherung durch Erinnern

Junge Deutsche und Türken sollen voneinander lernen

Es gibt eine fast vergessene deutsche Emigration: die deutsche Auswanderung in die Türkei. In den Nazi-Jahren 1933 bis 1945 fanden mehr als tausend Deutsche Zuflucht in Istanbul und Ankara. Das lautmalerische Lehnwort „Haymatloz" (im Türkischen schreibt man wie man spricht) stempelten die Behörden in die Pässe der Flüchtlinge. An diese deutsch-türkische Verbindung wollen nun erstmals die Außenminister beider Länder offiziell anknüpfen. Frank-Walter Steinmeier und sein türkischer Kollege Abdullah Gül stellen am heutigen Mittwoch in Istanbul die „Ernst-Reuter-Initiative" vor. Der Sozialdemokrat Reuter, später Regierender Bürgermeister von Berlin, war einer der prominentesten Emigranten, der nach zweimaliger KZ-Haft die NS-Zeit in der Türkei überlebte.

Die Erinnerung an ein wenig bekanntes Kapitel gemeinsamer Geschichte kommt zu einem Zeitpunkt, zu dem in die Beziehungen eher eine Entfremdung eingetreten ist. Die Skepsis der Deutschen gegenüber einem türkischen EU-Beitritt ist stark gewachsen, das Europäische Parlament stützt dies mit kritischen Tönen, und in der Türkei selber hält sich hartnäckig die Überzeugung, das Land werde trotz aller Bemühungen von der EU doch niemals akzeptiert werden.

Jetzt will Steinmeier dagegenhalten und Projekte fördern, die bei allem „Respekt für die Verschiedenheit" der Kulturen „Lösungen für eine gemeinsame Zukunft" suchen. Gedacht ist an Jugendaustausch, gemeinsame Internetauftritte von Schülern, die Förderung des Türkisch- und des Deutsch-Lernens, die Co-Schirmherrschaft über Kulturveranstaltungen. Das ehrgeizige Projekt, das auf Sponsoren aus der Wirtschaft setzt, will zudem Hochschulen für Kooperationen gewinnen und bestehende ausbauen, schließlich waren Emigranten einst vor allem am Aufbau von Universitäten der jungen Republik beteiligt. Staatsgründer Atatürk hatte erkannt, dass die Flüchtlinge dabei nützlich sein könnten.

Diese bedankten sich mit der Erarbeitung von Gesetzbüchern und Regierungsbauten in Ankara. Es gibt eine Ausstellung, die dies dokumentiert. Der private Verein „Aktives Museum" in Berlin hat sie schon im Jahr 2000 erstellt. Vielleicht kommt da jemand auf die Idee, für die dokumentenreiche Schau endlich einen festen Platz in Istanbul zu finden – der Verständigung könnte es dienen.

Christiane Schlötzer

Aufgabe: ______________________________

4 Nenne zwei weitere wesentliche Aufgaben einer Tageszeitung.

Kann ich typische Ressorts einer Tageszeitung nennen?

5 Nenne die fünf Hauptressorts einer Tageszeitung.

Kann ich Zeitungsartikel den verschiedenen Ressorts zuordnen?

6 Ordne den Artikel „Annäherung durch Erinnern" von Seite 15 dem richtigen Ressort zu. Begründe kurz deine Einordnung.

7 Ordne den Artikel dem richtigen Ressort zu. Begründe kurz deine Einordnung.

Jugendliche rauchen weniger

Neue Studie zum Tabakkonsum

■ **Berlin** – Junge Menschen greifen immer seltener zur Zigarette. Zu dem Ergebnis kommt eine am Dienstag in Köln veröffentlichte Untersuchung der Bundeszentrale für Gesundheitliche Aufklärung (BZGA). Die Studie belege, dass die schon in früheren Befragungen erkennbare Abkehr Jugendlicher vom Zigarettenkonsum andauere, sagte die Leiterin der Bundeszentrale, Elisabeth Pott. Während 2001 erst 36 Prozent der jungen Menschen zwischen zwölf und neunzehn Jahren angegeben hätten, noch nie geraucht zu haben, seien es im Jahr 2003 schon 41 Prozent und im vergangenen Jahr 45 Prozent gewesen. Vor allem in der Altersgruppe zwischen zwölf bis fünfzehn Jahren gebe es einen starken Anstieg der „Nie-Raucher". Im vergangenen Jahr seien es annähernd zwei Drittel gewesen.

Der Anteil der Raucher gehe bei Mädchen und Jungen gleichermaßen zurück. Bei zwölf bis siebzehn Jahre alten Jugendlichen sei er von 23 Prozent im Jahr 2003 auf 20 Prozent im vergangenen Jahr gesunken, sagte Pott. Dass das Rauchen bei Jugendlichen zunehmend „out" sei, spiegelten die Zahlen zum Rauchverhalten wider. Nur noch ein Viertel der Befragten im Alter von zwölf bis neunzehn Jahren hätten sich als ständige oder gelegentliche Raucher bezeichnet. Das sei der niedrigste Wert seit Beginn der Untersuchungen zum Rauchverhalten Jugendlicher im Jahre 1979. […]

ami

Kann ich den Weg einer Nachricht vom Ereignis zum Leser beschreiben?

: 8 Lies noch einmal den Artikel „Annäherung durch Erinnern“ von Seite 15. Nenne das Ereignis, welches ihm zugrunde liegt.

____

: 9 Beschreibe kurz, wie die Informationen über dieses Ereignis in die Redaktion der Zeitung gelangt sein könnten.

____

____

____

5 Kontrolle und Einschätzung, Tipps zur Weiterarbeit

AUFGABE	BEARBEITET AM	WIEDERHOLT AM	🙂 KONNTE ICH GUT	😐 DAS WAR MITTEL	☹ MUSS ICH ÜBEN	*Wenn du 😐 oder ☹ angekreuzt hast, dann bearbeite folgende Aufgaben im Teil Lesen und Üben:*
: 1						S. 76/1
: 2						S. 76/1
: 3						S. 72/1; S. 76/1
: 4						S. 72/1; S. 76/1
: 5						S. 73/1, 2; S. 75/1; S. 76/1
: 6						S. 73/1, 2; S. 75/1
: 7						S. 73/1, 2; S. 75/1
: 8						S. 75/2
: 9						S. 75/2

EINSCHÄTZUNG
LEHRERIN/DES LEHRERS
ODER DER ELTERN:

1 Textsorten auf einen Blick

Nicht nur die Themenvielfalt ist typisch für Zeitungen; es gibt auch zahlreiche Textsorten. Man unterscheidet:
- **informierende Textsorten**
- **meinungsäußernde Textsorten**
- **unterhaltende Textsorten**

ZEITUNGSTEXTE

informierende
- Meldung
- Nachricht
- Bericht

meinungsäußernde
- Kommentar
- Leserbrief
- Rezension
- Glosse

unterhaltende
- Witz
- Rätsel
- Geschichten

- Reportage
- Interview

2 Informierende Textsorten untersuchen: Meldung, Nachricht, Bericht

MELDUNG	**NACHRICHT**	**BERICHT**
Eine Meldung enthält den Informationskern einer Nachricht.	Eine Nachricht bietet neben dem Informationskern weitere Einzelheiten, die über Umstände des Geschehens und Ursachen oder Gründe aufklären.	Der Bericht enthält neben dem Informationskern und weiteren Einzelheiten Informationen über Hintergründe und Zusammenhänge. Häufig werden auch Fragen nach den Folgen eines Sachverhaltes geklärt.
• Es werden die wichtigsten W-Fragen beantwortet: Wer hat was wann wo getan? Wem ist was wann wo widerfahren? • Danach wird in der Regel die Quelle angegeben. Für den Leser ist es wichtig zu wissen, woher eine Information stammt, damit er sie richtig einordnen kann.	• Der Informationskern steht in einer Nachricht grundsätzlich im Einstieg, auch Vorspann oder Lead genannt. Will ein Leser sich nur über das Wesentliche informieren, so muss er alle wichtigen Informationen dem Vorspann entnehmen können. • Eine Nachricht muss vom Ende her kürzbar sein, ohne dass dadurch der Anfang an Sinn verliert. • Die Sprache ist knapp, präzise und sachlich.	

Der „schiefe Turm“ von Köln steht wieder gerade

■ **Köln** – Der „schiefe Turm“ von Köln steht wieder aufrecht – rund ein Jahr nach seinem Absacken. Der Hebevorgang dauerte sechs Stunden. Der Turm der Kirche St. Johann Baptist war bei Arbeiten für eine U-Bahn abgesackt und rund 75 Zentimeter in Schieflage geraten. Nun wurde ein Betonrost unter dem Bauwerk angehoben und der dadurch entstandene Hohlraum aufgefüllt. Die Aktion kostete eine Million Euro. Anwohner waren nicht gefährdet. (dpa)

Kölner Stadtanzeiger 26. 10. 2005

Schiefer Turm wird aufgerichtet

■ **Köln** – Der vor gut einem Jahr in die Schräglage gekippte „schiefe Turm von Köln“ wird in der kommenden Woche wieder aufgerichtet. Der Turm der Kirche St. Johann Baptist in der Kölner Südstadt solle bereits am Mittwoch wieder vollkommen gerade stehen, teilten die Kölner Verkehrsbetriebe (KVB) am Freitag mit.

Nach unterirdischen Arbeiten für eine U-Bahn war der 38 Meter hohe Backsteinturm am 29. September 2004 um knapp einen Meter abgesackt – und seitdem zu einer vielbesuchten Attraktion für Touristen aus dem In- und Ausland geworden. Seit März wird an der Wiederaufrichtung gearbeitet. Mit zwei Autokranen soll am Montag und Dienstag zunächst die aufwendige Stahlabstützung des Kirchturms wieder demontiert werden. Anschließend wird das rund 1600 Tonnen schwere Bauwerk mit Hilfe von vier Hydraulikpressen hochgedrückt. Der Vorgang werde rund sechs Stunden dauern.

Nach unterirdischen Bohrungen für einen inzwischen fertiggestellten U-Bahn-Schacht waren Ende September 2004 unvorhersehbare Hohlräume entstanden. Dadurch hatte sich der Turm vom Kirchenschiff gelöst und war ein deutliches Stück zur Seite gesackt. Die Versicherung der Kölner Verkehrsbetriebe kommt für die auf rund eine Million Euro geschätzten Baukosten auf.

Kölnische Rundschau 21. 10. 2005

1 Untersuche, wodurch sich die Nachricht und der Bericht unterscheiden. Schreibe zu beiden Artikeln die jeweiligen W-Fragen und ihre Antworten auf.

Nachricht: ______________________________

____

____

____

Bericht: ______________________________

____

____

____

aktuell – sachlich – Kurzinformationen – Quellenangabe – W-Fragen – keine eigene Meinung – beschreiben – Hintergründe – Argumente – Gegenargumente – Schlussfolgerung – Zitate – Handlungen – Fakten – indirekte Rede – Stellungnahme – alle Themen – berichten – Darstellung eines Sachverhaltes – Dokumentation – Ursachen – Ereignis – Sachbericht – wirklichkeitsgetreu – Erklärungen

! : 2 Ordne die Begriffe den beiden Textsorten in der Tabelle zu.

NACHRICHT	BERICHT

KVB-Fahrer mit Stein beworfen

■ **Köln** – Mit einem faustgroßen Stein hat ein betrunkener Mann gestern Nachmittag in der U-Bahn-Station Appellhofplatz die Scheibe einer Straßenbahn eingeschmissen. Das Glas ging zwar zu Bruch, doch verletzt wurde niemand.

Wie die Polizei mitteilte, hatte der 36-Jährige zuvor in dem Zug der Linie 3 eine Zigarette geraucht. Mehrere Fahrgäste wiesen ihn vergeblich darauf hin, dass dies untersagt ist. Auch der Bahnfahrer schaltete sich schließlich ein und bat den uneinsichtigen Fahrgast, den Zug an der nächsten Haltestelle zu verlassen. Dies tat der Mann auch, hob dann aber einen Stein aus dem Gleisbett auf und schleuderte ihn gegen die Seitenscheibe der Fahrerkabine. Anschließend versuchte er, in Richtung Appellhofplatz zu flüchten. Doch mit drei Zeugen lief der KVB-Fahrer dem Randalierer hinterher. Sie holten den Mann ein, hielten ihn fest und riefen die Polizei.

Kurz darauf nahmen die Beamten den 36-Jährigen fest. Er bekommt nun eine Strafanzeige wegen Sachbeschädigung. Weil er Polizeiangaben zufolge deutlich alkoholisiert war, wurde ihm eine Blutprobe entnommen.

Kölner Stadtanzeiger 01. 03. 2006

: 3 Untersuche den Aufbau der Nachricht: Welche W-Fragen werden in der Schlagzeile und im ersten Abschnitt des Textes beantwortet?

4 Kürze den Text von hinten nach vorne: Bis zu welcher Stelle ist die Nachricht immer noch verständlich?

5 Verfasse zu der Nachricht eine Kurzmeldung.

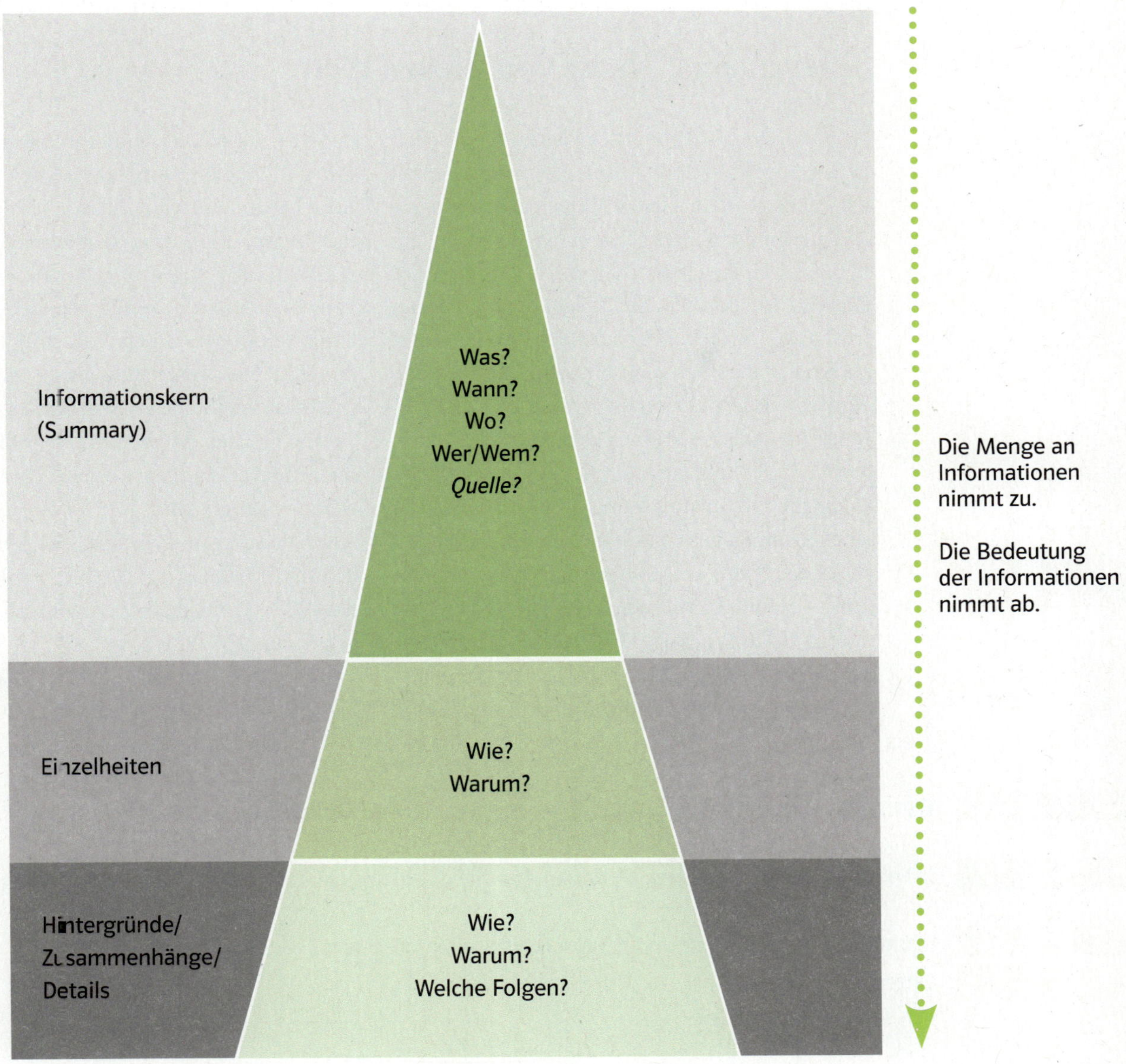

6 Trage die Textsorten Meldung, Nachricht und Bericht rechts in das Schaubild ein.

7 Welche Teile eines Artikels (Schlagzeile, Untertitel, Vorspann, Textkörper) gehören in welches Feld der Pyramide? Notiere sie an den entsprechenden Stellen.

3 Meinungsäußernde Textsorten untersuchen

3.1 Der Kommentar

Der Kommentar ist eine journalistische Form der Meinungsäußerung. Der Autor des Kommentars nimmt Stellung, bewertet Ereignisse und Sachverhalte, worüber die Nachricht nur berichtet, und liefert Argumente für eine bestimmte Sichtweise auf das Geschehene. Der Kommentar befindet sich häufig in unmittelbarer Nähe zur Nachricht oder zum Bericht über das gleiche Thema.
Kommentare haben in der Regel folgenden Aufbau:
- **Einstieg: These des Autors, Zitat, Frage, Provokation, Foto; soll zum Weiterlesen anregen**
- **oft Zusammenfassung der Information, die kommentiert wird**
- **Argumentation pro und kontra: These des Autors, im Idealfall gestützt durch Beispiele, Belege, Zitate**
- **Schlussfolgerung: als Beleg der Eingangsthese**

Telenovelas: Nicht von dieser Welt

Na, denn Prost – die deutsche Fernsehlandschaft ist um eine Attraktion reicher: „Telenovelas" heißt das Zauberwort, mit dem insbesondere die jüngere Klientel an der Glotze gehalten werden soll – ein Plan, der aufzugehen scheint. Die Dauerserien, einst in Südamerika zur Ablenkung von einer trostlosen Wirklichkeit erfunden, greifen jetzt auch bei uns immer mehr um sich. Damit ist den Fernsehmachern ein weiterer großer Wurf in Richtung Zuschauerverblödung gelungen. Eine Schattenwelt voller Jungzombies, allesamt versandhauskataloggestylt und mit Mühe darauf hin dressiert, einen halbwegs auswendig gelernten Satz von sich zu geben. Dazu eine – wenn man das so nennen kann – Handlung, die so ist wie ein Couchtisch: platt und durchsichtig. Der Zweck solcher Telenovelas sollte jedem klar sein: Sie sind Schmiermittel für die Werbung drum herum und nichts anderes, vor diesem Hintergrund mögen sie ihre Berechtigung im werbefinanzierten Fernsehen ja noch haben. Von wirklichem Übel allerdings wird das Ganze, wenn das öffentlich-rechtliche Fernsehen auf den Zug springt und aus zwangsweise von allen Bürgern eingetriebenem Geld solch einen Schmonzes unters Volk bringt. Einer solch konsequenten Ausblendung von jeglichem Wirklichkeitsbezug sollten sich unsere gebührenfinanzierten Fernsehanstalten tunlichst enthalten und die Sendezeit Dingen vorbehalten, die doch ein wenig wichtiger sind. Laut PISA-Studie sind wir schon dumm genug, da kann die Sendezeit wirklich für Sinnvolleres reserviert werden als „Telenovelas" – denn die haben wir nun zu allerletzt gebraucht.

Horst M. Goteveld

1 Werte den Kommentar aus. Welcher Anlass liegt ihm zu Grunde?

2 Markiere sprachliche Mittel, an denen deutlich wird, dass hier eine persönliche Meinung geäußert wird.

3 Notiere die Forderungen und Schlussfolgerungen des Autors in Stichworten.

Der schiefe Turm von Köln

In der Nacht zum 29. September geschah das Undenkbare: Der Turm der Kirche St. Johann Baptist, vormals ob des Kölner Kirchenreichtums wegen eher nur am Rande wahrgenommen, war plötzlich in aller Munde. Während der Arbeiten an einem Erkundungsstollen für die Nord-Süd-Stadtbahn neigte sich der 44 m hohe Turm um fast einen Meter. Schnell wurde das Bauwerk per Stahlkonstruktion gesichert. Gleichfalls mussten die umliegenden Wohnungen mehrere Tage evakuiert werden, auch der Straßen- und Stadtbahnverkehr auf der Severinsbrücke und in der Severinstraße wurde längere Zeit eingestellt.

Immerhin ist Köln mit seinem neuen schiefen Turm nun sogar von der renommierten „New York Times" zum „Two-Step"-Touristenziel geadelt worden. Lange von der Reisebranche vergrämt, es gäbe wenige Städte auf der Welt, wo sich das touristische Interesse derart auf ein einziges Bauwerk konzentrieren würde, waren in den letzten Wochen verstärkt insbesondere japanische Gäste mit Kameras nahe St. Johann Baptist zu sehen. An Wochenenden wurden ganze Busse mit Schaulustigen aus Holland und Belgien vermeldet. Damit wird inzwischen auch fleißig diskutiert: Soll man das Ding nun wieder aufrichten oder, wenn denn die Sicherheit gewährleistet ist, einfach so stehen lassen? 70 Prozent aller Kölner sind Umfragen zufolge dafür.

Nur eine Woche nach dem Turm gab es dann schon die nächste Aufregung beim U-Bahn-Bau: Eine unterirdische Sprengung im Bereich Chlodwigplatz kündigte man in großem Stil an, in einem Sprachstil, der Schlimmes befürchten ließ. Dann wurde das Ganze nach kurzem Geistesblitz der Bauleitung ohne Vorwarnung plötzlich eine halbe Stunde früher durchgeführt, als noch alle an den Fenstern hingen und guckten, was auf dem Platz passiert. Hier lief aber nichts schief, weder gingen Scheiben zu Bruch, noch fiel die Severinstorburg um.

Nun denn, glauben wir dem Kölner Mottoschatz, et kütt wie et kütt, ävver et hätt noch immer joot jejange. Und stellen wir im Dom eine Kerze für die heilige Barbara, ihres Zeichens Schutzpatronin aller Tunnelbauer, auf.

Aus: „Nachrichtenblatt" 04/04, Panne beim U-Bahn-Bau – Köln jetzt „Two-Step"-Touristenziel, von Christoph Groneck

! : 4 Vergleiche den Kommentar mit dem Bericht und der Nachricht auf Seite 19 hinsichtlich Inhalt, Form und Wirkungsabsicht.

	NACHRICHT	BERICHT	KOMMENTAR
INHALT			
FORM			
WIRKUNGSABSICHT			

Der hier abgedruckte Artikel nimmt Bezug auf die ProSieben-Show „Germany's next Topmodel" von Heidi Klum. Der Sendung war vorgeworfen worden, dass sie magersüchtig mache, da eine Bewerberin aus der Sendung flog, weil sie mit 52 kg bei einer Körpergröße von 1,76 m angeblich zu dick war.

Aufgeblasene Debatte

■ Man möchte mit den Schultern zucken, ginge es nicht um einen so ernsten Hintergrund: Magersucht ist eine der schlimmsten Krankheiten, unter denen junge Frauen – und zunehmend auch Männer – leiden können. Und ausgerechnet dieses Thema wird nun zum Lehrstück in Sachen PR-Maschinerie. Denn letztlich ist die Model-Show nichts anderes als jede dümmliche Miss-Wahl, und sie folgt den gleichen fragwürdigen Prinzipien, die in der Modewelt seit Jahrzehnten Standard sind. An der Show nun eine moralisch entrüstete Generaldebatte aufzuhängen, hat lediglich ein Ziel: Aufmerksamkeit zu erzeugen. Freilich nicht für ein wichtiges Thema, sondern für das eigene Produkt.

■ Allen voran mal wieder die Bild-Zeitung. Das Blatt, das weder bisher noch künftig zögert, das ach so ungesunde Schönheits-Ideal tagtäglich auf Seite 1 mit einem superdünnen „Titel-Girl" zu zelebrieren, trat den Feldzug gegen den Schlankheitswahn los. Und kaum ein Medium zögerte, sich einzuschalten: Sind die Models, die Heidi Klum in der Show präsentiert, nun wirklich zu dünn, zu dick oder ganz gesund gebaut – und verführt die Show hilflose junge Dinger dazu, die Nahrungsaufnahme zu verweigern? Immer dabei: die Fotos der Schönen als Blickfang.

Heidi Klum und Pro 7, die in offiziellen Stellungnahmen hinreichend „schockiert" sind von der Kritik und sich wortreich verteidigen, können hinter den Kulissen jubeln: Etwas Besseres kann der Quote gar nicht passieren. Schon hat der Sender beschlossen, die letzten drei Ausgaben der Show um jeweils eine Stunde zu verlängern. Aus seiner Sicht schade ist nur, dass aus einer derart aufgeblasenen Debatte die Luft auch schnell entweicht. Schon ist die Berichterstattung über das Model-Casting auf die hinteren Seiten der Bild-Zeitung gewandert.

■ Da hatte die Werbeabteilung noch eine Idee. In ganzseitigen Anzeigen – mit Fotos der Schönen als Blickfang, versteht sich – versichern die Kandidatinnen naiv: „Bei den Dreharbeiten muss niemand hungern, im Gegenteil: Die Buffets sind superlecker." Was eine derart aufwändige Kampagne kostet, will der Sender wohlweislich nicht mitteilen. Es wird sich schon lohnen.

Sigrun Müller-Gerbes

: 5 Prüfe, inwiefern der Artikel „Aufgeblasene Debatte" dem typischen Aufbau eines Kommentars entspricht. Schreibe dazu die These und die Argumentation der Autorin heraus.

____

____

____

! : 6 Der Artikel enthält nur wenige Argumente. Finde weitere Argumente pro und kontra „Schlankheitswahn" und suche Beispiele, Belege und evtl. Zitate als Stützen deiner Argumente. Überarbeite den Artikel dahingehend, dass er dem idealen Aufbau eines Kommentars eher entspricht. Arbeite im Heft.

: 7 Schreibe eine Meldung zu dem von dir überarbeiteten Kommentar. Arbeite im Heft.

3.2 Der Leserbrief

Der Leserbrief nimmt auf vorausgehende Zeitungsartikel Bezug, ist wertend und gibt die persönliche Meinung des Lesers wieder. Ein guter Leserbrief zeichnet sich aus durch einen klaren Bezug und nachvollziehbare Argumente.
Die Position/das Ziel wird von Anfang an deutlich und Zitate sind korrekt wiedergegeben.

Nach einer Reportage über den Erfolg der „Telenovelas“ im deutschen Fernsehen fanden sich in einer Tageszeitung eine Reihe von Leserbriefen:

Ich weiß gar nicht, was der Redakteur an den Telenovelas zu bemängeln hat. Ich jedenfalls bin begeisterter Fan von „Verliebt in Berlin“ und verpasse keine Folge. Man leidet so richtig mit den Hauptfiguren mit. Und wem diese Figuren nicht passen, der kann ja die Off-Taste drücken.

Selma Cetinkaya, Gießen

Recht hat der Verfasser. Die Handlungen sind unglaubwürdig, extrem durchsichtig und es werden so ziemlich alle Plattheiten verbraten, die man sich vorstellen kann.

Sebastian Kohler, Hanau

Ich finde es gut, dass der Reporter die Telenovela mit einem Märchen vergleicht, das man einem Kind vorliest, das nicht schlafen möchte, wobei das Kind immer mehr möchte … Aber kann man deshalb die Schlussfolgerung ziehen, dass die Telenovela etwas Schlechtes ist? Nein!!!!!!! Ich jedenfalls werde die letzte Telenovela vermissen. Sie war super und hätte von mir aus noch ewig laufen können.

Thomas Schneider, Leverkusen

Das ist nicht in Ordnung, sich über die jungen Schauspieler und Schauspielerinnen so lustig zu machen. Das haben die nicht verdient, denn sie stehen ja erst am Anfang ihrer Karriere. Ein bisschen mehr Geduld mit den jungen Leuten!

Helga Reder, Wiesbaden

Ja, es ist gut, dass der Kitsch nun endlich ein Ende hat! Vielleicht hätten die Macher einmal im Lexikon nachschlagen sollen, was der Begriff Telenovela eigentlich bedeutet. Denn anders als bei der Seifenoper hat beim Fernsehroman alles ein Ende, das man bei „Verliebt in Berlin“ einfach nicht finden wollte. Stattdessen ergänzte man die Drehbücher durch immer neue Katastrophen, Intrigen, Entführungen …

Katrina Schmitt, Berlin

Klar, die Idee, eine graue Maus in eine strahlende Braut zu verwandeln, war nicht neu, aber mir hat sie den Alltag versüßt. Vielleicht kann sich der Verfasser der Reportage nicht in eine solche Lage hineinversetzen, mir hat „Verliebt in Berlin“ gezeigt, dass es sich lohnt, auf die große Liebe und die Gefühle zu bauen …

Gudrun Bröske, Leipzig

1 Was könnte in der Reportage gestanden haben?

2 Markiere Stellen, an denen deutlich wird, dass es sich um persönliche Meinungen handelt.

3.3 Die Rezension

Eine Rezension setzt sich kritisch mit einem Buch, einem Theaterstück, einem Film oder einer CD auseinander. Sie wird häufig von Journalisten verfasst, die vor allem Neuerscheinungen und Neuinszenierungen beobachten und in den Medien darüber berichten.
Eine Rezension enthält in der Regel:
- **Angaben zum Autor/zur Autorin**
- **eine Inhaltsangabe**
- **eine Beschreibung der Ausstattung bzw. Inszenierung**
- **eine Beschreibung der Zielsetzung des Werkes**
- **eine Beschreibung der Wirkung des Werkes**
- **eine Bewertung**

„Creeps“ am Landestheater

[…] Da diskutieren Theaterinteressierte stundenlang darüber, warum viele junge Menschen nicht oder selten ins Theater gehen, und finden keine schlüssigen Antworten. Und dann gibt es einen Theaterabend, der solche Fragen überflüssig und überholt erscheinen lässt, weil Stück, Inszenierung und Schauspielerinnen „stimmen“ und die Reaktionen der vorwiegend jungen Zuschauerinnen und Zuschauer zeigen, dass das ihr Abend, ihre Aufführung ist.

Die Rede ist von „Creeps“, einem an mehreren Theatern gespielten Stück von Lutz Hübner aus der Welt der Musikshows und Traumjob-Castings, das […] am Marburger Schauspiel in einer peppig-poppigen Inszenierung Premiere hatte. Im Mittelpunkt des Geschehens stehen drei junge Frauen, etwa siebzehn, achtzehn Jahre alt, die zur Endrunde eines Casting-Wettbewerbs für die Moderation einer Fernsehshow eingeladen sind. Die Bühne, die sie am Beginn zögerlich und etwas ungelenk betreten, gehört allein ihnen. Geführt, angestachelt, provoziert, aufgemuntert, gemahnt, getadelt, gelobt werden sie von der Stimme eines Profis aus dem Off, schleimig-kumpelhaft einmal, aggressiv ein anderes Mal. Schnell zeigt sich, dass die drei Bewerberinnen sehr unterschiedliche Charaktere mit unterschiedlichem familiären Hintergrund und sozialen Umfeld haben.

Da ist Petra, die Naive, Fröhliche, aus einer Plattenhaussiedlung in Chemnitz, mit Freund und einer Lehrstelle als Kauffrau. Da ist Lilly, die Arrogante, Selbstsichere, in teuren Klamotten, für die Geld offensichtlich keine Rolle spielt. Und da ist Maren, die äußerlich „Coole“, die politisch Interessierte, Selbstkritische, aber auch Unsichere. Die kalte Konkurrenzsituation und die verschiedenen Persönlichkeiten der Bewerberinnen sorgen für abwechslungsreiche Casting-Auftritte, vor allem aber für Spannungen, Konflikte und Krisen auf der Bühne. Die innere und äußere Dramatik die-

ses „Mix“ wird durch die Motive der drei jungen Frauen, sich der Casting-Situation mit der sie unbarmherzig hin und her dirigierenden Stimme aus dem Lautsprecher auszusetzen, erhöht. Diese Motive – dem Alltagstrott entfliehen (Petra), der immer nörgelnden Mutter etwas beweisen (Maren) und dem reichen Elternhaus gegenüber Selbstständigkeit demonstrieren (Lilly) – zeigen eindringlich die Verführungsgewalt des Mediums Fernsehen: Der Traumjob Moderatorin wird sie, so der feste Glaube der drei Jugendlichen, von ihren Sorgen befreien, sie aus ihrer kleinen Alltagswelt reißen, ihnen erst ihre eigentliche Identität geben.

Am Ende müssen sie, provoziert durch die brutalen Einlassungen der Off-Stimme erkennen, dass sie zynisch ausgenutzt und erniedrigt werden. Sie solidarisieren sich zwar, verweigern sich und sagen nein. Aber es ist zu spät. Ihr Auftritt vor der Kamera ist total, mit allen Aggressionen, Tränen, mit allem Nachgeben und Mitmachen, mit allem Trotz, von den Fernsehleuten manipuliert worden. Sie waren nie für eine Moderation vorgesehen. Sie sollten sich so verhalten, wie sie sich verhalten haben: damit aus den Mitschnitten ein spannender Trailer für die Musikshow einer bereits engagierten Moderatorin produziert werden kann.

Regie führte die junge Luisa Brandsdörfer, die bisher am Marburger Schauspiel mit Erfolg „Misery“ und – vor Kurzem – „Spiel's noch mal, Sam“ auf die Bühne gebracht hat. Ihr gelingt eine spannungsreiche, unterhaltsame Inszenierung. Die Bühne (Ilka Kops), auf der das Traumwelt-Casting stattfindet, ist ein weißes Podest, das hinten mit einer weißlich-grünlichen halbrunden Wand abgeschlossen wird. Die Buchstaben des Wortes „Creeps“ stehen, wie Sitzelemente, als grellbunte große Plüschlettern auf der Bühne. Der klischeehafte Schein einer Fernsehstudiowelt wird gebrochen durch das, was auf der Hinterwand aufgemalt ist: ein kitschiges Schutzengelbild, das in sich verschoben zu sein scheint, ein Kühlschrank und eine Couch.

In dem Kontrast von Rückwand und Podestbühne entlarvt sich die Castinghandlung als Scheinwelt, als Lug und Trug. […] Traumwelt und echte Wirklichkeit können so im Aufeinanderprall ihre dramatische Wirkung entfalten. Verstärkt wird der Kontrast durch die unwirklich-wirkliche Lautsprecherstimme (Arthur Werner, sehr überzeugend) des Casting-Leiters, durch eingespielte Fernsehspots und Songs.

Den Löwenanteil daran, dass das Stück die jungen, aber auch die älteren Zuschauer bei der Premiere gepackt hat – es gab lang anhaltenden Applaus mit Standing Ovations am Ende –, haben die drei Schauspielerinnen Sarah Grabowski (Petra), Anne Berg (Maren) und Katie Debney (Lilly). Es sind Laiendarstellerinnen, Schülerinnen aus Marburg, aus vielen Bewerberinnen für diese Rollen ausgewählt.

Man kann das kaum glauben. Ihr authentisches, differenziertes Spiel, ihr nuancenreiches Sprechen, ihr immer profihafter Bühnenauftritt sind beeindruckend. Sie sind ein Glücksgriff für „Creeps“. Dass das Stück am Landestheater ein Renner für junge Zuschauer werden wird, ist vor allem ihnen zu danken. […]

! : 1 Gliedere diese Rezension in Abschnitte. Markiere Schlüsselwörter und unterstreiche wichtige Nebeninformationen. Notiere in Stichworten den wesentlichen Inhalt jedes Abschnittes.

3.4 Die Glosse

Im modernen Journalismus bezeichnet man als Glosse einen kurzen, pointierten Meinungsbeitrag, der sich von Kommentar und Leitartikel durch seinen polemischen und satirischen Charakter unterscheidet. Journalistische Glossen werden sowohl zu lustigen als auch zu ernsten Themen, zu großen weltpolitischen ebenso wie zu kleinen lokalen Ereignissen verfasst. Häufige Stilmittel sind Ironie und Übertreibung (Hyperbel).
Eine Sonderform bildet die journalistische Sprachglosse. Sie kommentiert Erscheinungen des zeitgenössischen Sprachgebrauchs mehr oder minder kritisch und setzt sie dann oft auch in Beziehung zu allgemeinen kulturellen und gesellschaftlichen Entwicklungen.

: 1 Erschließe den Text zur Definition des Begriffes Glosse. Schlage dir unbekannte Begriffe in einem Wörterbuch nach. Erkläre einem Partner, was man unter einer Glosse versteht.

Deutsche küsst!

Belgien knutscht – unter diesem Motto zeigten in dieser Woche flämische und wallonische Studenten mit einer Kuschelaktion, dass sie sich in der belgischen Staatskrise nicht gegeneinander ausspielen lassen wollen. Auch Deutschland hat einen Konflikt, aber weniger zwischen Flamen und Wallonen. Glaubt man dem drogenpolitischen Sprecher der FDP, dann tobt hier der Kampf zwischen Rauchern und Nichtrauchern. Seiner Vision zufolge droht mit den neuen Nichtraucherschutzgesetzen die Wiederbelebung des Denunziantentums: Nichtraucher zeigen renitente Raucher an. Diese werden bestraft und in Raucherräume („Giftküchen") eingesperrt.

Raucher und Nichtraucher, lasst es nicht zum offenen Krieg kommen! Nehmt euch an den Belgiern ein Beispiel. Kuschelt und knutscht! Ja gut, es gibt gewisse Hindernisse. Zunächst reicht es ja, sich aus der Ferne Kusshändchen zuzuwerfen. Dann kann man die Sache auf Wangenküsschen ausweiten und erst zum Schluss zu richtigen Küssen übergehen. Nichtraucher können sich inzwischen an Aschenbechern desensibilisieren.

Torsten Harmsen, Berliner Zeitung, 17. 11. 2007

Sprechen sie Duden?

Nichts gegen die Aufnahme der „Brötchentaste" in den Duden. Diese Taste erlaubt uns das Kurzparken ohne Gebühr. Statt fünf Brötchen dürfen es dann auch mal sieben in der Tüte sein. Nichts gegen die Berücksichtigung der „Auflaufkinder", ein Wort, das es uns erleichtert, die goldigen Nationalspielerbegleit-Kinder ohne Umschweife zu benennen. Auch der Open-Source-Software, dem Elterngeld, der Knopflochchirurgie und der Guthabenkarte sei ein Platz im Duden gegönnt.

Doch viele der 3000 Duden-Neuaufnahmen in der 24. Auflage – 100 davon wurden bereits veröffentlicht – sind auf fast provozierende Weise „fluffig": „Bikinilinie", „Wohlfühlfaktor", „Best Ager" oder „Patchworkbiografie" – muss man die wirklich richtig schreiben und mit einer Lexikalisierung stärken? „Vermüllen" sie nicht ganz „ergebnisoffen" unsere Sprache? Werden sie nicht zur „Feinstaubbelastung", zum „wirkmächtigen" „Leerstand", zum „Phishing" für unseren „Flurfunk"? – Eine Frage, so alt wie die Menschheit. […]

Uwe Ebbinghaus, http://www.faz.net

! : 2 Erkläre stichwortartig, warum es sich bei beiden Texten um eine Glosse handelt. Arbeite im Heft.

: 3 Suche die Bedeutung der genannten „neuen" Wörter in einer aktuellen Ausgabe des Dudens.

4 Texte zwischen Information und Meinungsäußerung untersuchen

4.1 Die Reportage

Die Reportage ist ein ereignisbetonter und lebendiger Bericht, der auch persönliche Eindrücke und Wertungen des Journalisten enthält, der sich vor Ort ein Bild gemacht hat. Reportagen können nach Inhalt (z. B. Reisereportage, Sportreportage, Enthüllungsreportage, ...) und Medium (z. B. Bildreportage, Rundfunkreportage, ...) unterschieden werden.
Die Lebendigkeit der Reportage resultiert häufig aus einem Wechsel zwischen:

- **Erlebnisbericht**
- **Darstellung von Gefühlen oder Gedanken**
- **Stimmungsschilderung**
- **Zitat**
- **Dokumentation und**
- **Faktendarstellung**

Hinter den Kulissen der WM

Ohne sie könnte die Fußball-Weltmeisterschaft nicht beginnen: Die Organisatoren, Rasenmeister und Stadionwarte sorgen dafür, dass genügend Bälle in den Stadien sind – und Bratwürstchen für die Fans! GEOlino berichtet über die heimlichen Macher der WM.

Julia Bierwirth schlägt die Hände über dem Kopf zusammen. Alles, was im Berliner Olympiastadion gebraucht wird, muss durch diesen einen einzigen schmalen Tunnel: Sattelschlepper voller Bratwürstchen, Bildschirme, Bälle. Nicht zu vergessen das Gepäck der Fußballer. Auwei! Hoffentlich geraten die Lieferungen nicht durcheinander! Kaum auszudenken, wenn der brasilianische Superstar Ronaldinho kurz vor dem Anpfiff nicht seine Tasche, sondern die von Michael Ballack in der Kabine fände oder gar eine Kiste Würstchen! Julia greift zu einem ihrer zwei Handys: „Unbedingt erst die Würstchen, dann die Taschen liefern! Sonst haben wir hier Chaos." Ein Mitarbeiter am anderen Ende der Leitung notiert die Anweisung. Dann setzt Julia Bierwirth ihren Kontrollgang durchs Stadion fort.

Damit, wie hier im Berliner Stadion, zur WM alles wie geschmiert läuft, muss viel organisiert werden.

2500 Bälle und vier Millionen Brötchen

Für die 32-Jährige hat die WM schon lange vor dem ersten Spiel begonnen. Sie ist Chefin der Logistik, das heißt: Julia Bierwirth und ihre Mitarbeiter sorgen dafür, dass alles zur rechten Zeit am rechten Fleck ist – in ganz Deutschland. Eine gigantische Aufgabe: Etwa vier Millionen Brötchen müssen zum passenden Termin an die zwölf WM-Stadien geliefert werden, 800 000 Würstchen, 224 Tonnen Gepäck von 736 Fußballern und Hunderten Betreuern und Offiziellen, 2500 Bälle – und 370 000 Quadratmeter Rasen, aufgewickelt zu Ballen, die an riesige Klopapierrollen erinnern. Zum Glück ist das Grün schon vor Tagen in den Stadien verlegt worden. Bierwirth macht einen Haken auf ihrer langen Liste.

Am Ende des Ganges angekommen, blickt sie auf die neue Tartanbahn, die das Berliner Fußballfeld umrundet. Unterirdisch gibt es eine Aufwärmhalle für die Fußballer! Extra für die WM ist das Stadion vier Jahre lang umgebaut worden. Auch die elf anderen Fußballtempel, in denen während der WM gekickt wird, haben es in sich:

Das neue Münchner Stadion zum Beispiel kann seine Farbe wechseln. Die Arena in Gelsenkirchen ist auf über 600 Pfählen gebaut, die Rasenfläche lässt sich komplett herausfahren, so dass man im Inneren Konzerte veranstalten und sogar Biathlonrennen austragen kann! [...]

Weltmeister im Organisieren

Julia Bierwirth [...] blättert sich weiter durch ihren dicken Papierstapel: Tabellen, in denen etwa die Reiseroute von Ronaldinhos Sporttasche aufgelistet ist. Darin steht: Die Klamotten kommen kurz vor dem Spiel der Brasilianer gegen Kroatien am 13. Juni aus dem Taunus nach Berlin. Von hier aus geht es zurück, dann nach München, später nach Dortmund. So weit, so gut. Eigentlich dürfte nichts durcheinanderkommen. Es sei denn, die Brasilianer ändern spontan ihre Pläne. „Südamerikaner legen sich ungern fest“, seufzt Julia Bierwirth, schweigt einen Moment und sagt: „Aber auch das bekommen wir hin! Wir wollen ja zeigen, dass die Deutschen auf jeden Fall Weltmeister im Organisieren sind.“

Einen WM-Pokal gibt es dafür leider nicht. Julia Bierwirth und ihre Leute dürfen die echte Trophäe aus knapp fünf Kilogramm Gold noch nicht einmal transportieren! Denn die ist bis kurz vorm Endspiel an einem geheimen Ort versteckt. Kein Wunder! Schon zweimal wurde das wertvolle Goldstück gestohlen. [...]

1 Notiere in wenigen Stichworten, worum es in dieser Reportage geht.

2 Untersuche die Sprache der Reportage auf Seite 29 f.:

- Unterstreiche die Fakten mit einer Farbe.
- Markiere Beispiele, in denen die Sinne und Gefühle angesprochen werden.
- In welchem Tempus ist der Text geschrieben? Was bewirkt das beim Leser?

! 3 Formuliere mithilfe der Fakten aus dem Text einen Bericht in sachlicher Sprache. Beachte dabei die Unterschiede zwischen den beiden Textsorten. Arbeite im Heft.

Auf der Suche nach dem Takt

Das kann sich hören lassen: 45 jugendliche Musiker bilden in Geldern ein ganz besonderes Symphonie-Orchester. In den vergangenen Wochen haben sie mit Dirigent Johannes Hombergen für das Weihnachtskonzert geübt.

■ Es ist Mittwoch, 17 Uhr, in der Tonhalle der Kreismusikschule Geldern, die Streicher treffen nach und nach ein und packen ihre Instrumente aus. „Wir sind rund 45 junge Musiker, davon sind rund 35 Streicher, bis auf eine Ausnahme sind sie alle noch Schüler“, sagte Johannes Hombergen, der Dirigent des Orchesters.

Schon bald ist die große Halle erfüllt von den Tönen, die von den zu stimmenden Instrumenten kommen, und dann hebt Johannes Hombergen die Arme. Augenblicklich ist alles still. Und schon fängt die Probe für das anstehende Weihnachtskonzert an.

Die ersten Takte klingen kraft- und schwungvoll, doch dann geht der Klang plötzlich verloren. Nervös blicken einzelne Musiker den Dirigenten und ihre Nachbarn an. „Wo sind wir?“, zischt eine Stimme von den vier Bratschen. „Keine Ahnung“, kommt die Antwort.

Kein Kinderorchester

■ Johannes Hombergen versucht einen weiteren Anfang und dieses Mal klingt es auch schon besser. Bis Viertel vor sechs halten die Streicher tapfer durch, dann kündigt der Dirigent die Pause an, die Instrumente werden vorsichtig auf die Stühle gelegt, und die jungen Musiker stehen auf. Unter ihnen sind Jungmusiker wie die elf-jährige Katharina Dreyer, die seit den Sommer-ferien mitspielt und bereits seit dreieinhalb Jahren Geige spielt. Sie findet die anderen Mitglieder des Orchesters nett und meint: „Alles klappt hier so gut, man hört sogar direkt die Melodie, im Kinderorchester war dies ein einziges Chaos.“

Zu den alten Hasen in diesem Orchester zählen Jens Noschinski (18) und Christoph Herrmann (19). Sie beide spielen schon mehr als zehn Jahre ein Streichinstrument. Was sie zu kritisieren habe, fragen wir Judith Lammert. „Na ja, manchmal ist es auch ein bisschen laut und rührselig. Die Neuen können sich oft auch nicht richtig konzentrieren. Aber alles in allem macht es sehr viel Spaß hier mitzuspielen.“ Das kann auch Christina Verhoeven (18) nur bestätigen. Sie spielt bereits seit über vier Jahren im Orchester, zwei Jahre davon Geige und zwei Bratsche.

Die Pause ist schnell rum, und inzwischen sind auch die rund zehn Bläser eingetroffen. Ihre Instrumente werden schnell gestimmt, und die letzte halbe Stunde wird damit verbracht, dass mit allen eine Weihnachtssymphonie von Schiassi geprobt wird. Bis um 18.30 Uhr bleiben die Instrumente oben, dann lässt Johannes Hombergen die Arme sinken. „Bis nächste Woche“, meint er und entlässt die Musiker, die nach dem Wegräumen der Instrumente auch noch die Notenständer und die Stühle wieder auf ihren richtigen Platz stellen.

Nach einer herzlichen Verabschiedung und einigen kleinen Witzchen fahren die einzelnen Musiker nach Hause. Spätestens zehn vor sieben kann Johannes Hombergen die Tonhalle abschließen.

Eva Onkels, 10d, Lise-Meitner-Gymnasium, Geldern

4 Notiere in einem Satz, worum es in dieser Reportage geht.

5 Untersuche die Reportage genauer:
- Überlege, welche Zielgruppe die Autorin erreichen will und wofür sie Interesse wecken möchte.
- Markiere Stellen, an denen die Autorin aus eigener Erfahrung berichtet, und Stellen, an denen sie zitiert.
- Entscheide, ob hier der Erlebnisbericht oder die Faktendarstellung überwiegt.

4.2 Das Interview

Das Interview ist ein aufgezeichnetes Gespräch zwischen einem Journalisten und einer oder mehreren Personen. Es kann in drei Arten unterteilt werden:

- **das Interview zur Sache, das Informationen über Fakten vermitteln soll;**
- **das Meinungsinterview, das eine (meist prominente) Person nach ihrem Urteil zu einem Ereignis befragt;**
- **das Interview zur Person, das die Persönlichkeit eines Menschen skizzieren will.**

Das Interview verlangt vom Interviewer eine genaue Kenntnis der thematischen und inhaltlichen Aspekte, auf die im Gespräch eingegangen werden soll.
Der Interviewer kann durch die Art der Fragen das Gespräch strukturieren, bestimmte Themen zur Sprache bringen und die Gesprächsbeiträge des Interviewten mit kurzen Bemerkungen lenken.
Die Fragen sollten möglichst präzise sein. Sie müssen einen initiierenden Charakter haben, d. h. sie sollten den Gesprächspartner zu einer Antwort bewegen.

Gewalt ist sehr attraktiv

Herr Wilhelm Heitmeyer gilt als einer der bekanntesten Konfliktforscher. Er lehrt an der Universität Bielefeld Pädagogik. Dort finden seit Anfang der 80er Jahre regelmäßig umfangreiche Studien zum Thema statt. Herr Heitmeyer fand in seiner Analyse zum Thema Gewalt heraus: Gewalt wird für Jugendliche attraktiv, weil ihnen Anerkennungsmöglichkeiten jenseits individueller Leistungen fehlen und weil ihre Lebensperspektiven aufgrund schlechterer Rahmenbedingungen immer unsicherer werden.

WOCHENPOST: Herr Heitmeyer, sind für Sie die Überfälle wie beispielsweise die auf den ostdeutschen Zeltplätzen sowie die Brutalität, mit der sie geführt werden, Extremfälle oder müssen wir uns an solche Gewalttaten gewöhnen?
HEITMEYER: Das liegt völlig im Trend. Es gibt seit Jahren eine stetige Zunahme von Gewalt. Sowohl die Kriminalitätsstatistik als auch die Dunkelfelduntersuchungen sprechen da eine eindeutige Sprache. Gewaltanwendung gehört zur Normalität.
WOCHENPOST: Ist Gewaltanwendung typisch für die „sozialen Verlierer"?
HEITMEYER: Nein, unsere letzte umfangreiche Untersuchung hatte gerade das Ergebnis, dass die Gewaltbereitschaft im Milieu der Aufstiegsorientierten, in der Mitte der Gesellschaft, besonders hoch ist. Dort wird nur darauf gewartet, dass die Ausübung von Gewalt unterhalb der Kriminalitätsschwelle bleibt, man also nicht polizeilich auffällig wird. Das ist dann die Ausübung psychischer Gewalt, Erniedrigung und Ausgrenzung anderer. *[Mobbing, Erpressung auf dem Schulhof usw. – Anmerkung der Redaktion]*
WOCHENPOST: Wenn über Gewaltentwicklung gesprochen wird, geht es immer um physische Gewalt und um die Zunahme solcher Auseinandersetzungen.
HEITMEYER: In der derzeitigen Unübersichtlichkeit ist Gewalt für einige Jugendliche sehr attraktiv. Gewalt klärt viel, sie schafft Wahrnehmung und auch Sicherheit in der Gruppe.
Wenn ich Gewalt anwende, weiß ich, wer zu mir hält, auf wen ich mich verlassen kann.
Und wenn ich Gewalt anwende, dann sind sie alle da, die Eltern, die Pfarrer, die Medien, die Politik. Jugendliche müssen sich platzieren. Die Frage ist, welche Möglichkeiten haben sie.
WOCHENPOST: Das sind individuelle Leistungen, vor allem in der Schule. Auch körperliche Attraktivität gehört dazu. Was passiert aber, wenn es mit beidem nicht so weit her ist?
HEITMEYER: Dann bleibt oft nur eine Platzierung über Stärkedemonstrationen. Die Frage ist deshalb, leisten unsere Institutionen eigentlich genügend, um für Jugendliche Möglichkeiten der Platzierung zu schaffen. [...] Da muss ich sagen: nein, überhaupt nicht.

WOCHENPOST: Der Mangel an Anerkennung erklärt demnach die Gewalt?

HEITMEYER: Ja, für mich ist er der Schlüssel zum Verständnis jugendlicher Gewalt. Diese Gesellschaft verknappt Anerkennung ganz bewusst.

WOCHENPOST: Warum?

HEITMEYER: Konkurrenz belebt das Geschäft, dadurch kommt Dynamik zustande. Ich glaube nicht, was in der politischen Diskussion immer gesagt wird, nämlich, dass das Gewaltproblem gelöst ist, wenn wir die Jugendlichen von der Straße haben, wenn also alle einen Job haben. Das ist ziemlicher Unfug. Wo hole ich mir – als Jugendlicher – denn den Ausgleich für diesen Wegfall an sozialen Identitätsmustern? […]

WOCHENPOST: Wird auch wegen nicht vorhandener Lebensperspektive, Stichwort Lehrstellenmangel, Gewalt ausgeübt?

HEITMEYER: Nein, es geht weniger um materielle Verarmung. Die Hauptprobleme bei den Jugendlichen, jedenfalls bei denen, die zu Gewalt neigen, sind ihre emotionale Leere und der Mangel an Anerkennung. […]

WOCHENPOST: Jugendliche haben heute jedoch mehr freie Entfaltungsmöglichkeiten, sie sind weniger reglementiert, weniger auf vorbestimmte Rollen festgelegt.

HEITMEYER: Es gibt weniger soziale Kontrolle, das ist richtig. Das ist einerseits gut, aber dann müsste auf der anderen Seite im Elternhaus und in der Schule auch mehr Zeit da sein, um über die komplexeren Möglichkeiten zu reden. Die sozial geteilte Zeit wird jedoch immer knapper.

WOCHENPOST: Das erklärt aber noch nicht, wieso die Brutalität derart zunimmt. Gewalt ist heute nicht mehr nur einfach eine Prügelei, sondern oft wirklich versuchter Totschlag.

HEITMEYER: Ja, es gibt eine Entsicherung, und sie hat mit dem zu tun, was ich eben gesagt habe. Werte und Normalvorstellungen entstehen in der Auseinandersetzung zwischen Kindern und Erwachsenen, man muss sich ja mitteilen, was einem wichtig ist, was einem gefällt oder auch, was einem nicht passt. Wenn das nicht mehr automatisch stattfindet, weil sich zum Beispiel Familienstrukturen verändern und feste Rollenbilder auflösen, dann müsste man das kompensieren, indem man miteinander spricht. Aber wie gesagt, das passiert nicht. […]

WOCHENPOST: Was für Lebensläufe streben Jugendliche an, die Sie im Rahmen der Untersuchung interviewt haben? Welche Anerkennung suchen sie?

HEITMEYER: Jugendliche mit Gewaltneigung haben meistens nur eins im Sinn: ein ganz konventionelles Leben. Jugendliche wollen ja häufig in erster Linie normal sein. Deswegen suchen sie sich ja auch häufig Legitimationen für Gewalt, hinter denen sie großen gesellschaftlichen Zuspruch vermuten *[z. B. Ausländer, Obdachlose und andere Minderheiten der Gesellschaft, Anmerkung der Reaktion]*.

WOCHENPOST: Was sagen Sie für die Zukunft voraus? Werden wir in punkto Gewalt amerikanische Verhältnisse bekommen?

HEITMEYER: Ja, davon gehe ich aus. Es geht ja im Kern immer um die Integration in eine Gesellschaft. Gewalt ist dabei ein Mittel, um in die Gesellschaft hineinzukommen, indem die Jugendlichen die Mittel dazu radikalisieren. Zu einer gesellschaftlichen Integration kommt es aber nur über den Konflikt und die offene Austragung von Konflikten im Gespräch, nicht mit der Gewaltanwendung. Unsere Gesellschaft muss deshalb noch konfliktfähiger werden.

1 Kläre mithilfe eines Nachschlagewerkes oder des Internets alle dir unbekannten Begriffe.

2 Untersuche, wie der Journalist der Wochenpost das Interview strukturiert und durch seine Fragen lenkt. Um welche Art von Interview handelt es sich?

! 3 Stelle in Form einer Mind-Map die Gründe dar, die der Konfliktforscher Wilhelm Heitmeyer für die Zunahme von Gewalt unter Jugendlichen nennt. Arbeite im Heft.

5 Prüfe dich selbst

Kann ich informierende und meinungsäußernde Textsorten in einer Zeitung unterscheiden?

1 Wie steht die Autorin in dem Artikel „Annäherung durch Erinnern“ von Seite 15 zu den dargestellten Projekten? An welcher Stelle wird das deutlich gemacht?

____

____

Kann ich Meldung, Nachricht und Bericht voneinander unterscheiden?

2 Um welche Textsorte handelt es sich bei dem Artikel „Annäherung durch Erinnern“ von Seite 15? Kreuze die richtige Antwort an und begründe deine Antwort. Gehe in deiner Begründung auf die Merkmale der verschiedenen Textsorten ein.

Meldung ☐ Nachricht ☐ Bericht ☐

Begründung: ______________________________

____

____

____

Kann ich die Merkmale und den Aufbau eines Kommentars beschreiben?

3 Welche Aussagen über Kommentare treffen zu? Kreuze an.

		richtig	falsch
a)	In einem Kommentar werden gewöhnlich nur Argumente genannt, die die Einstiegsthese stützen.	☐	☐
b)	Mit einem Kommentar sollen die Leser dazu überredet werden, die Sichtweise des Autors zu teilen.	☐	☐
c)	Kommentare stehen in der Zeitung häufig in unmittelbarer Nähe zu einem Artikel über das gleiche Thema.	☐	☐
d)	Kommentare können auch eine knappe Zusammenfassung der Nachricht enthalten, die kommentiert wird.	☐	☐

Kann ich einen Leserbrief schreiben, der auf einen Zeitungsartikel Bezug nimmt?

4 Schreibe zu dem Kommentar „Aufgeblasene Debatte“ (Seite 24) einen Leserbrief. Arbeite im Heft.

Kann ich grundlegende Merkmale einer Rezension und einer Glosse nennen?

5 Welche Aussagen über Rezensionen und Glossen treffen zu? Kreuze an.

		richtig	falsch
a)	In einer Rezension darf der Rezensent keine Wertung des rezensierten Werkes vornehmen.	☐	☐
b)	Eine Rezension ist die Äußerung von Gedanken des Autors zu den Hintergründen des betreffenden künstlerischen Werkes.	☐	☐
c)	Eine Rezension ist die schriftliche Bewertung eines künstlerischen Werkes, die der Journalist aus eigener Anschauung vornimmt.	☐	☐
d)	Eine Glosse ist eine rein sachliche Darstellung eines Themas.	☐	☐
e)	Eine Glosse ist ein kurzer Artikel mit überspitzter Argumentation, oft mit ironischem Unterton und einer überraschenden Pointe.	☐	☐
f)	Eine Glosse behandelt aktuelle Themen aus subjektiver Sicht.	☐	☐

Kann ich den Unterschied zwischen Bericht und Reportage erläutern?

6 Wie unterscheiden sich Bericht und Reportage in den folgenden Merkmalen? Trage sie in Stichwörtern in die Übersicht ein.

	BERICHT	REPORTAGE
TEXTANFANG		
SPRACHE		
ABSICHT		

Kann ich grundlegende Merkmale einer Reportage nennen?

7 Vervollständige die Aussagen über Reportagen sinngemäß.

a) Reportagen sind tatsachenorientierte, aber zugleich auch persönlich gefärbte Berichte über

________________________________.

b) Die Lebendigkeit von Reportagen resultiert unter anderem aus einem Wechsel zwischen

____________________ und dem Eingehen auf eine allgemeine Situation.

c) Reportagen können nach ____________________ unterschieden werden.

Kann ich ein Interview untersuchen?

8 Welche Fragen hat hier der Interviewer vermutlich gestellt? Füge sie ein.

Die Reporter der Schülerzeitung „Schulecho" sind durch einen Zeitungsartikel auf das Thema „Klimaveränderung" aufmerksam geworden und wollen es aufgreifen. Sie interviewen dazu eine Klima-Expertin zum Phänomen des Treibhauseffekts.

SCHULECHO: Guten Tag, Frau Rump. Danke, dass Sie uns zur Verfügung stehen.

FRAU RUMP: Guten Tag. Bitte, bitte. Na dann fragt mal los.

SCHULECHO: ______________________________

____

FRAU RUMP: Die Erde ist von einer schützenden Hülle, der Atmosphäre, umgeben. Zum Glück für uns trifft so nicht die gesamte Menge der Sonnenstrahlung auf die Erde, sondern nur ein Teil. Was durchkommt, wird an der Erdoberfläche in Wärmestrahlen umgewandelt. Gäbe es die Atmosphäre nicht, würde diese Wärmestrahlung direkt wieder ins All entweichen. Es wird aber durch die Schutzhülle ein Teil der Wärme zwischen Erdoberfläche und Atmo-sphäre festgehalten. Und das funktioniert bei einem Treibhaus ganz ähnlich. Deshalb hat man sich diesen Vergleich zur Veranschaulichung ausgesucht.
Oh, Telefon. Ihr müsst mich einen Moment entschuldigen …
Da bin ich wieder, jetzt kann es weitergehen.

SCHULECHO: Aber dann ist der Treibhauseffekt doch was Positives.

FRAU RUMP: Klar, der natürliche Treibhauseffekt sorgt für eine angenehme Durchschnittstemperatur von etwa 15 Grad auf der Erde. Aber seit etwa 200 Jahren greift der Mensch immer stärker in die Atmosphäre ein.

SCHULECHO: ______________________________

____

FRAU RUMP: Indem er alles Mögliche verbrennt: Öl, Holz, Gas hinterlassen Kohlendioxid und Rußpartikel. Dazu kommt, dass die Zahl der Menschen stark gestiegen ist. Sie müssen in immer stärkerem Ausmaß Landwirtschaft betreiben. Durch Methangase, die in der Massentierhaltung entstehen, oder Stickstoffdünger wird die Atmosphäre zusätzlich belastet.

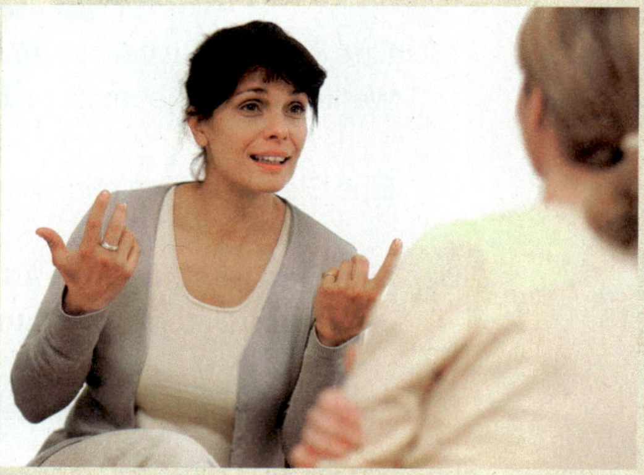

SCHULECHO: ______________________________

____

FRAU RUMP: Sie wird immer dichter. Dadurch wird zusätzlich Wärme auf der Erde zurückgehalten, und das ist nicht unbedingt gut.

SCHULECHO: ______________________________

____

FRAU RUMP: Man befürchtet, dass die Meeresspiegel ansteigen, weil das Polareis schmilzt. Auch besteht die Gefahr, dass extreme Wetterereignisse wie Stürme und Starkregen den Menschen immer mehr zu schaffen machen. Einigen Erdregionen drohen Dürren.

SCHULECHO: Vielen Dank für das Gespräch und auf Wiedersehen.

FRAU RUMP: Gerne. Auf Wiedersehen.

6 Kontrolle und Einschätzung, Tipps zur Weiterarbeit

AUFGABE	BEARBEITET AM	WIEDERHOLT AM	🙂 KONNTE ICH GUT	😐 DAS WAR MITTEL	☹ MUSS ICH ÜBEN	*Wenn du 😐 oder ☹ angekreuzt hast, dann bearbeite folgende Aufgaben im Teil Lesen und Üben:*
1						S. 77/1; S. 78/1; S. 79/1
2						S. 77/1; S. 77/2; S. 78/1; S. 79/1, 2; S. 81/2; S. 87/1
3						S. 79/1; S. 80/1–4; S. 81/1–3; S. 87/1
4						S. 79/1; S. 82/1, 2; S. 87/1
5						S. 83/1–3
6						S. 79/1; S. 85/1–4; S. 87/1
7						S. 79/1; S. 85/1–4
8						S. 86/1, 2; S. 87/1

EINSCHÄTZUNG
EHRERIN/DES LEHRERS
ODER DER ELTERN:

1 Schlagzeilen und Nachrichtenwerte

Zeitungen sind Massenmedien; sie informieren ein großes Lesepublikum über aktuelle Ereignisse. Für die gezielte Auswahl aus der Masse der Ereignisse ist deren Bedeutsamkeit wichtig, aber auch welche Nachrichtenwerte Zeitung und Leser bevorzugen, z. B. politische, wirtschaftliche, kulturelle Ereignisse oder Nachrichten über persönliche Schicksale, die Emotionen wecken und Spannung erzeugen.

Schlagzeilen aus Zeitungen, die über den Untergang der Titanic (1912) und der Fähre Estonia, die 1994 zwischen Finnland und Schweden sank, berichteten.

[redacted] mit
1500 Menschen gesunken.
Die Hilfe zu spät eingetroffen –
Deutsche Namen in der Passagierliste.

____

Die Leidensgeschichte
der „[redacted]"-Passagiere.

____

**Das Totenschiff –
die Taucher blicken
in die Hölle**

____

Mehr als 820 Tote bei Untergang einer Fähre
141 Überlebende aus stürmischer See geborgen / [redacted] bereits fünf Minuten nach dem Notruf gesunken

____

Eine furchtbare Schiffskatastrophe

____

830 Tote!
- **Wellen zehn Meter hoch**
- **Kampf um Rettungswesten**
- **Nackt sprangen sie ins Meer**
- **Sie hatten keine Chance**

____

Die Todesfahrt der [redacted]
Nur 705 Ueberlebende.

____

Kollision des Dampfers [redacted]
mit einem Eisberg.
Der Dampfer im Sinken – Die Passagiere nur teilweise gerettet.

____

„Es war die Hölle – keiner rettete uns aus dem Todes-Schiff!"
[redacted] sank fünf Minuten nach Notruf: 830 Opfer / Unglücksursache: offene Bugklappe?

____

Der Untergang [redacted]

Keine Hoffnung auf Rettung der Vermissten. – Die Liste der Ueberlebenden.

Kinder klammerten sich schreiend an die Reling

Sechs Stunden im Eiswasser: Bub (12) gerettet

Vater und Schwester ertranken / Erst 65 Opfer geborgen

Wahrscheinlich mehr als tausend Todesopfer

Kinder unter sechs Jahren nicht auf Passagierliste / ‚Auslöser offenbar undichte Bugklappe'

1 Betrachte aufmerksam die Schlagzeilen und entscheide, ob sie vom Untergang der *Titanic* (1912) oder vom Untergang der *Estonia* (1994) berichten. Achte dabei auf technische und geografische Informationen sowie auf die Art der Formulierung. Notiere jeweils unter der Schlagzeile den Schiffsnamen.

2 Untersuche die Schlagzeilen unter folgenden Kriterien genauer:
- Auswahl des Berichtenswerten
- Ziel, Wirkungsabsicht
- sprachliche Gestaltung
- typografische Gestaltung
- Unterschiede zwischen früher und heute

! 3 Erstelle eine Mind-Map, in der die Informationen über die Schiffskatastrophen, die du in den Schlagzeilen erhältst, in Gruppen geordnet sind.

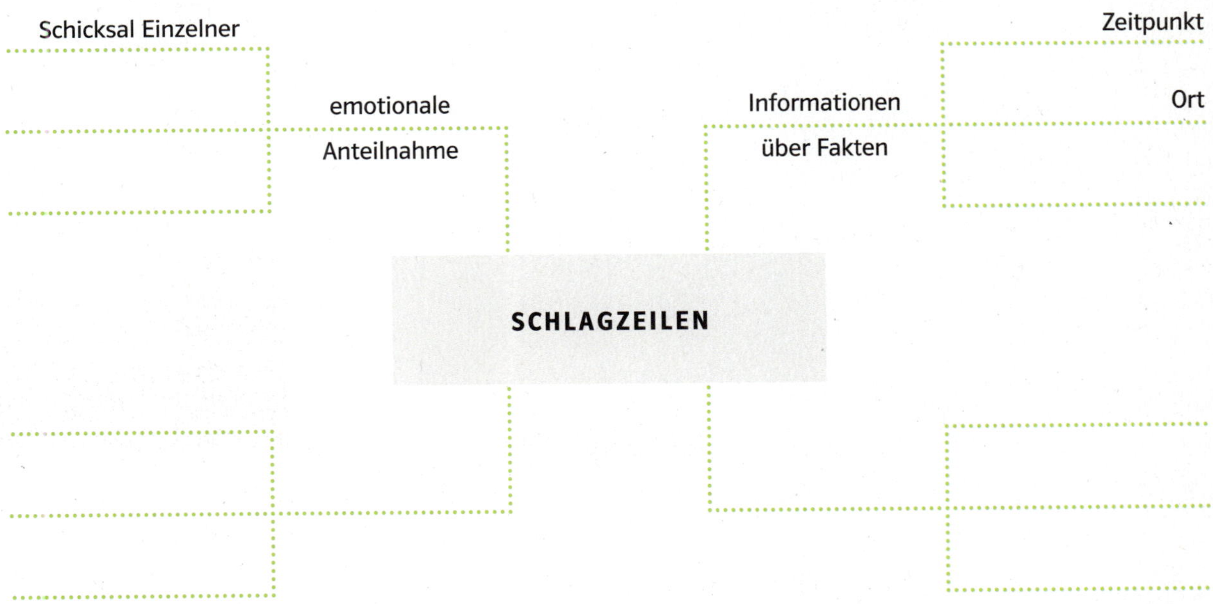

! 4 Suche dir ein aktuelles Tagesereignis und imitiere den „Schlagzeilen-Stil" folgender Zeitungen:
- eine historische Zeitung aus dem Jahr 1900
- eine „seriöse" Tageszeitung von heute (z. B. Süddeutsche Zeitung, Frankfurter Allgemeine Zeitung)
- eine Boulevardzeitung (z. B. Bild, Abendzeitung)
- die bei euch verbreitete Tageszeitung

Überlege als Erstes, wie du das Profil dieser Zeitungen einschätzt. Schreibe dann je eine Schlagzeile auf, die das Tagesereignis behandelt und zum Stil der einzelnen Zeitungen passt. Du kannst die Schlagzeilen auch entsprechend gestalten. Arbeite im Heft.

Nachrichtenwerte-Schema

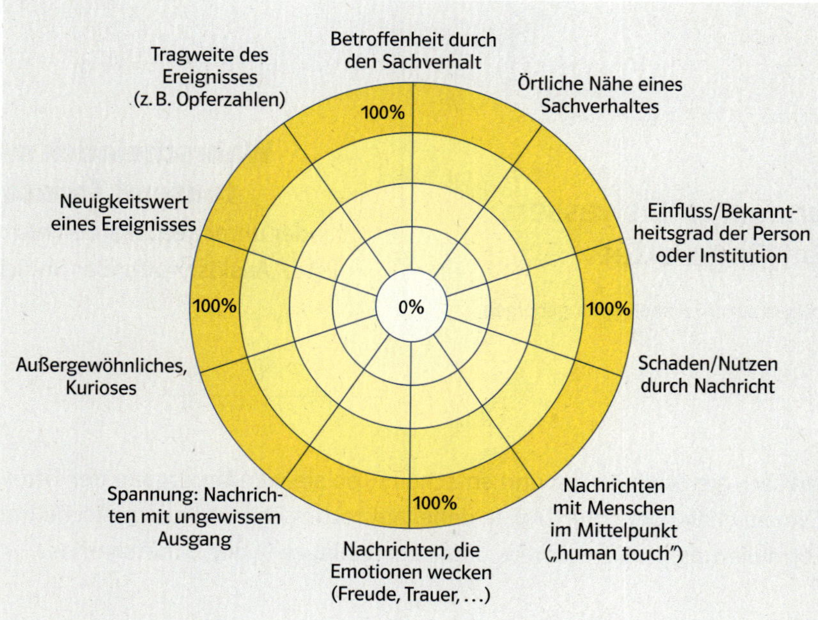

Wissens- und Orientierungswert: Die Leser wollen über die Welt informiert sein, Bescheid wissen, sich eine eigene Meinung bilden.

Gebrauchswert: Die Leser wollen Informationen über Ereignisse, die nützen oder schaden können – z. B. Wetter, Fernsehen, Streik.

Gesprächs- und Unterhaltungswert: Die Leser wollen Informationen, um Gesprächsstoff zu haben und ihre Neugier zu befriedigen; sie wollen sich unterhalten lassen.

: 5 Betrachte genau das Nachrichtenwerte-Schema und kläre die dort verwendeten Begriffe. Ordne die einzelnen Werte den drei Oberbegriffen in der Tabelle zu.

WISSENS- UND ORIENTIERUNGSWERT	GEBRAUCHSWERT	GESPRÄCHS- UND UNTERHALTUNGSWERT
• Tragweite des Ereignisses (z. B. Opferzahlen)	• Örtliche Nähe eines Sachverhaltes	• Außergewöhnliches, Kurioses

! : 6 Vergleiche deine Mind-Map, die du bei der Untersuchung der Schlagzeilen auf Seite 39 erstellt hast, mit den obigen Werten. Gibt es Zusammenhänge? Notiere stichpunktartig.

: 7 Verwende das Schema, um Nachrichtenwerte-Profile von Schlagzeilen zu erstellen.

- Wähle Schlagzeilen von Seite 38 f. aus.
- Notiere die entsprechende Schlagzeile über dem Schema.
- Trage auf jedem einzelnen Radius in geschätztem Abstand zur Mitte mit Rot Punkte ein. Diese Punkte zeigen an, mit wie viel Prozent des jeweiligen Nachrichtenwertes du deine Schlagzeile einstufst.
- Verbinde die einzelnen Punkte durch rote Linien.
- Orientiere dich an dem Beispiel.

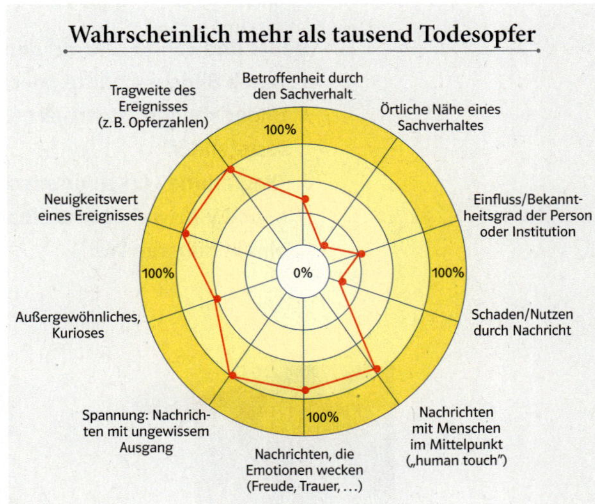

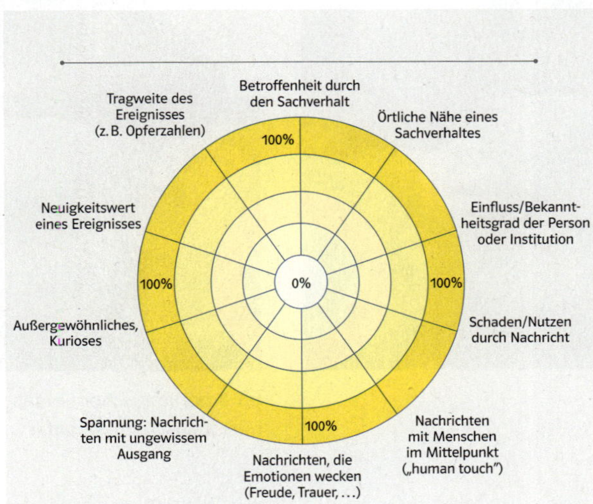

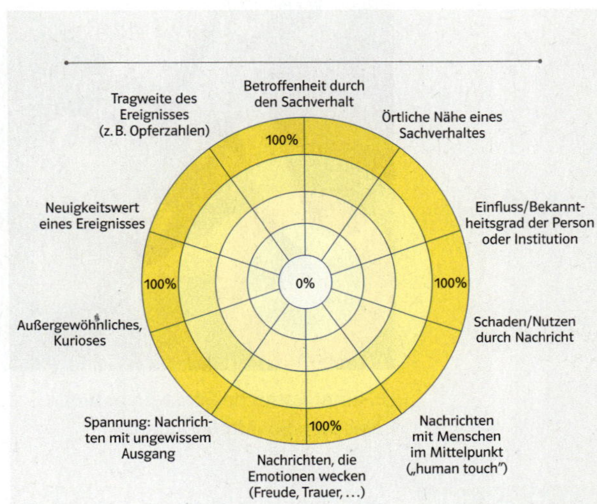

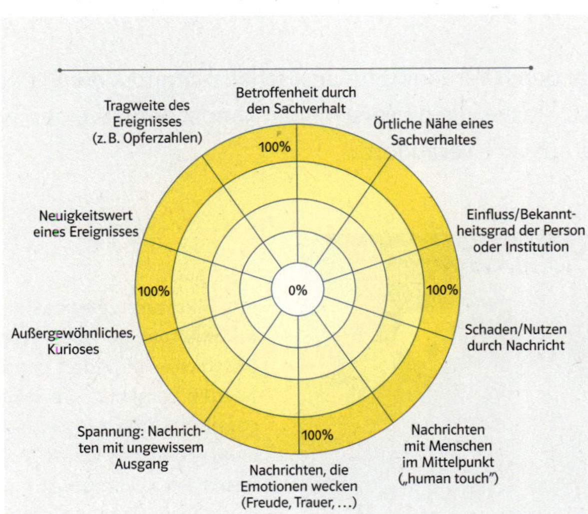

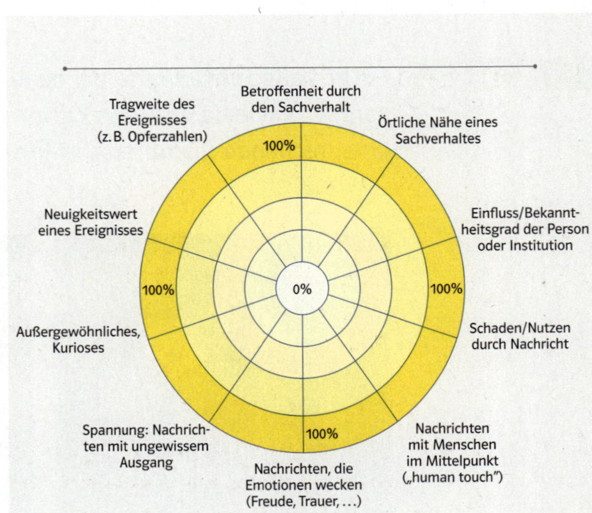

! : 8 Überlege, wofür solche Nachrichtenwerte-Profile wichtig sind. Notiere deine Gedanken in Stichworten.

2 Die Glaubwürdigkeit von Bildern und Zahlen

Bilder und Zahlen, die auf den ersten Blick objektiv wirken, können manipuliert sein:
- **Durch Bildausschnitte oder -unterschriften kann die Wirkung verändert werden.**
- **Bilder können retuschiert (bearbeitet) sein, bei digital bearbeiteten Bildern ist dies meist nicht feststellbar.**
- **Diagramme wirken unterschiedlich, je nachdem, wie man skaliert (die Wahl der Einheiten auf der x- und y-Achse) oder wie der Ausschnitt gewählt wird (Anfang beim Nullpunkt oder bereits bei einem höheren Wert).**

US-amerikanische Soldaten nehmen irakischen Soldaten gefangen

US-amerikanischer Soldat hilft irakischem Soldaten

: 1 Vergleiche die Wirkung der Fotos auf den Betrachter: Originalbild mit Bildunterschrift und Ausschnitt mit Bildunterschrift.

: 2 Suche Zeitschriftenfotos, bei denen du durch Veränderung des Bildausschnittes die Bildaussage verändern kannst. Schneide dazu aus Karton eine Maske, die du verschieben kannst. Probiere aus, wie sich durch entsprechende Bildunterschriften die Aussage verändert.

Aus Diktaturen gibt es Beispiele, wie mithilfe manipulierter Fotos sogar die Geschichte verändert wurde. Meist wurden Personen, die in Ungnade gefallen waren, wegretuschiert. Die linke Aufnahme von 1937 zeigt die chinesischen Revolutionsführer Mao Zedong, Chou En-lai, Chu Teh und Po Ku. Po Ku (links im Bild) stellt sich gegen Maos Politik und stirbt 1946 bei einem Flugzeugabsturz. Ab 1949 erscheint das Bild nur noch in der retuschierten Fassung ohne Po Ku.

! : 3 Bearbeite eigene Bilder oder Bilder aus dem Internet am Computer. Versuche zu retuschieren oder Fotomontagen herzustellen.

1

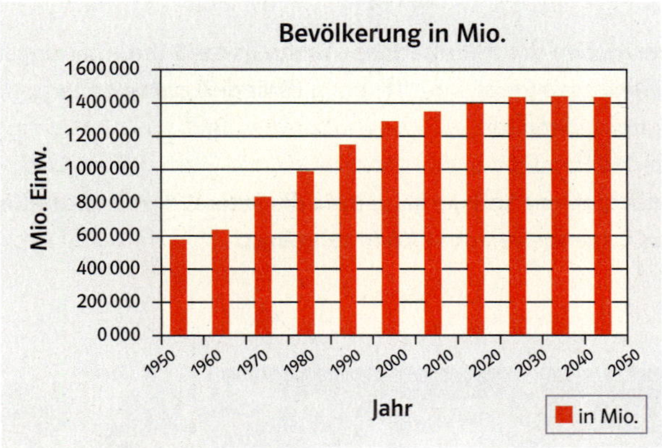

2

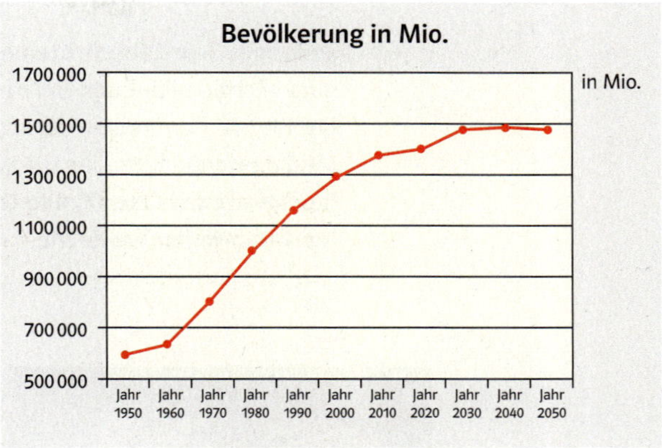

3

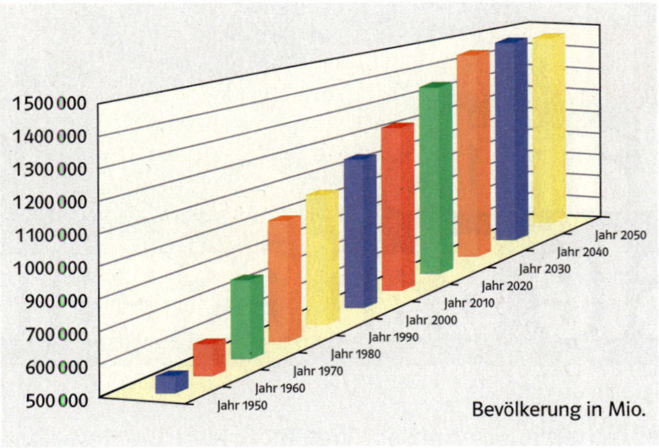

4

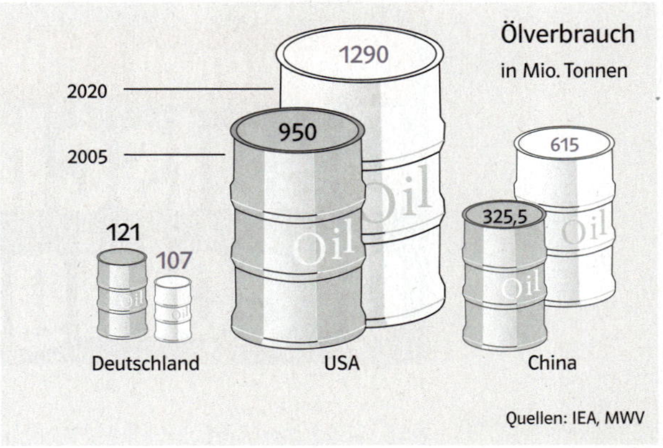

: 4 Betrachte die Schaubilder 1–3 zunächst nur kurz. Welches zeigt die größten Unterschiede zwischen den Werten, wo ist die Steigung am meisten ausgeprägt?

: 5 Betrachte die Schaubilder 1–3 genauer. Was stellst du auf den zweiten Blick fest? Probiere aus, wie die Diagramme bei der Einheit „20 Jahre“ auf der x-Achse aussehen.

: 6 Stelle das Schaubild 4 zur Entwicklung des Ölverbrauchs als Balkendiagramm dar. Wie ändert sich die Wirkung? Arbeite im Heft.

! : 7 Rechne nach, ob im Schaubild 4 die Größe der Ölfässer in der Relation stimmt. Arbeite im Heft.

3 Meinungsbildung in Medien

Zeitungen und Zeitschriften haben neben der Informations-, Bildungs- und Unterhaltungsfunktion eine wichtige Funktion bei der Meinungsbildung ihrer Leser. In diesem Zusammenhang wird häufig der Begriff der Medienmanipulation verwendet.
Medienmanipulation ist die verzerrte Darstellung der Wirklichkeit, die Journalisten durch eine bestimmte Vorauswahl und Gewichtung der Sachverhalte bzw. die Art der Berichterstattung in die Medien bringen, sowie die daraus folgende verzerrte Wahrnehmung.

1 Wie wirkt das Bild auf dich? Welche Botschaft suggeriert es? Welche Erwartungen weckt es in Bezug auf den folgenden Artikel?

Das sind Deutschlands dreckigste Badeseen

Badespaß? Gibt's in Deutschland nicht überall …

Zuerst einmal die gute Nachricht: Wer in Deutschlands Seen abtauchen will, kann dies meist ohne Bedenken tun. Die Wasserqualität ist in der Regel gut. Einige schwarze Schafe gibt es aber trotzdem […]

Die Zeitschrift „Stiftung Warentest“ hat auch in diesem Jahr wieder die Sauberkeit deutscher Seen unter die Lupe genommen. 400 Gewässer in ganz Deutschland waren im Check, neun davon fielen glatt durch. Untersucht wurde, ob die strengen EU-Richtlinien für Wasserqualität immer eingehalten wurden, wie es mit der Algen- und Bakterienbildung aussieht und ob es schon einmal Badeverbote gab. Dafür gab es Punktabzug – selbst, wenn diese Mängel schon vor längerer Zeit aufgetaucht sind und sich inzwischen verbessert haben.

Hauptproblem bei den beanstandeten Seen: Eine zu hohe Belastung mit Blaualgen (Cyanobakterien). Sie können Übelkeit, Kopfschmerzen und tränende rote Augen verursachen. Zu den dreckigsten Seen gehören zum Beispiel der Silbersee in Großmackenstedt bei Bremen oder die Talsperre Koberbach bei Gera. Hier erfahren Sie, welche Seen Sie noch meiden sollten […]

Eine überdurchschnittlich gute Wasserqualität konnten dagegen beispielsweise die Müritz in Mecklenburg-Vorpommern, der Große Stechlinsee in Brandenburg oder der Chiemsee in Bayern vorweisen.

Wenn Sie wissen wollen, wie Ihr Lieblingssee beim Test abgeschnitten hat: Bei Stiftung Warentest gibt's alle Ergebnisse zu Downloaden!

Bettina Böse, Bildzeitung vom 26. 05. 2006

2 Welche wesentlichen Informationen über die Qualität der Badeseen liefert dir dieser Text?

! 3 Vergleiche die Aussagen des Artikels mit den Informationen, die das Bild vermittelt.

Stiftung Warentest online zeigt die Qualität von über 400 Badestellen.

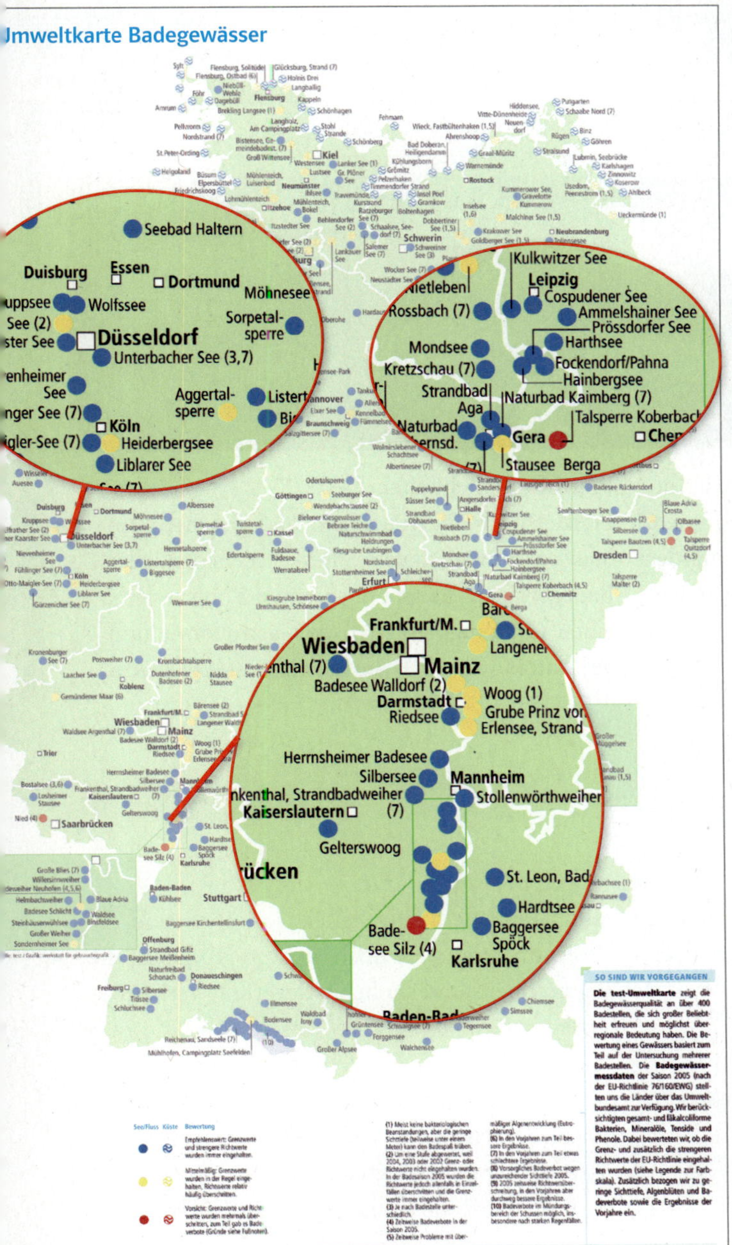

Ausschnitt Umweltkarte Badegewässer

THEMEN | SHOP | UNTERNEHMEN

Ungetrübter Badespaß

Der größte Teil der deutschen Seen und Strände ist sauber. In jedem Bundesland gibt es Seen, die die strengen Richtwerte für die Wasserqualität immer einhielten. Diese Badestellen sind auf der Karte blau gekennzeichnet. Überdurchschnittlich hohe Wasserqualität weisen seit Jahren zum Beispiel der Scharmützelsee und der Große Stechlinsee in Brandenburg, die Müritz und der Krakower See in Mecklenburg-Vorpommern sowie der Chiemsee und der Starnberger See in Bayern auf. Mittelmäßige Qualität weisen die gelb gekennzeichneten Gewässer auf

Häufige Badeverbote

Anders sieht es bei den rot gekennzeichneten Gewässern aus. Hier tummeln sich viele Algen und Bakterien. Traurige Beispiele sind die Nied im Saarland, der Nieder-Mooser-See in Hessen sowie die Talsperren Quitzdorf und Koberbach in Sachsen. Der seit Jahren schmutzige Halensee in Berlin taucht gar nicht mehr in der Übersicht auf. Hintergrund: Der See ist offiziell kein Badesee mehr und Schilder am Ufer warnen vor dem Bad. […]

Strengeres Reinheitsgebot

In regelmäßigen Abständen messen Landesgesundheitsämter die Wasserqualität von Seen, Flüssen und Küsten. Die Behörden untersuchen dabei das Wasser auf Bakterien und Schadstoffe und überprüfen, ob Grenzwerte und Richtlinien der EU eingehalten wurden. Zusätzlich beurteilen sie Sichttiefe und Algenwachstum.[…] Die Bundesländer müssen ab 2008 nach novellierten Richtlinien der EU messen.

4 Vergleiche und bewerte die Art der Informationsvermittlung durch diese Karte mit der durch das Bild auf Seite 44.

5 Markiere im Text Schlüsselwörter und gib für die drei Abschnitte die Hauptaussage wieder. Welches Ziel verfolgt die Stiftung Warentest?

Favoriten Extras ?

Adresse Wechseln zu

Anmelden

Artikel | Diskussion | bearbeiten | Versionen

Die Talsperre Koberbach (auch Talsperre Crimmitschau) ist eine Talsperre im Freistaat Sachsen. Sie wurde für die Brauchwasserversorgung der Industrie gebaut und dient heute außerdem dem Hochwasserschutz und der Erholung.
[…]

Freizeitmöglichkeiten:
Freizeitsport (Baden, Segeln und Tauchen) am Stausee ist möglich. Der Stausee ist ein offizielles Badegewässer. Es gibt auch einen Bootsverleih, einen Campingplatz, diverse Gastronomie und ein Autokino.

Aus einem online-Urlaubslexikon

Ungetrübter Badespaß

Badeseen in Sachsen

■ In Sachsen gibt es rund einhundert Badeseen, die regelmäßig von den Gesundheitsämtern überprüft werden.

Fast überall sauberes Wasser
In den meisten Seen Sachsens ist das Wasser zur Zeit sauber und ohne Beanstandungen.

Hier ist die Wasserqualität schlechter:
Das Wasser in den folgenden Gewässern ist nicht das beste. In der Regel werden hier nicht alle Grenzwerte eingehalten. Dennoch sind die Beeinträchtigungen noch nicht so groß, dass die Gesundheitsämter ein Badeverbot verhängen mussten:

- Talsperre Quitzdorf, Niederschlesischer Oberlausitzkreis
- Talsperre Pöhl, Vogtlandkreis
- Talsperre Koberbach, Landkreis Zwickau

[…]

! : 6 Vergleiche die Informationen des Urlaubslexikons zu der Talsperre mit denen der Stiftung Warentest. Bewerte sie. Worin liegen die Unterschiede in der Darstellung begründet? Antworte in Stichpunkten.

____

____

____

: 7 Unterstreiche in den verschiedenen Artikeln („Das sind Deutschlands dreckigste Badeseen“, Seite 44; „Ungetrübter Badespaß“, Seite 45 und Seite 46) die Formulierungen, mit denen die Qualität des Wassers angegeben wird. Welche Rückschlüsse lassen sich aus der Wortwahl auf die Absichten der Verfasser ziehen?

REGELN FÜR EINEN FAIREN JOURNALISMUS

Nicht alles, was von Rechts wegen zulässig wäre, ist auch ethisch vertretbar. Deshalb hat der Presserat die Publizistischen Grundsätze, den sogenannten Pressekodex, aufgestellt. Darin finden sich Regeln für die tägliche Arbeit der Journalisten, die die Wahrung der journalistischen Berufsethik sicherstellen, so z. B.:

- Achtung vor der Wahrheit und Wahrung der Menschenwürde
- Gründliche und faire Recherche
- Klare Trennung von redaktionellem Text und Anzeigen
- Achtung von Privatleben und Intimsphäre
- Vermeidung unangemessen sensationeller Darstellung von Gewalt und Brutalität

Deutscher Presserat

GRÜNDLICHE UND FAIRE RECHERCHE

- **Wie gehe ich die Recherche an?**
  Dem Durchschnitts-Leser müssen alle Fragen beantwortet werden, die er typischerweise hat. Auch wenn der Leser noch nie vom Sachverhalt gehört hat, soll er sich nach dem Lesen ein Bild machen können.

- **Wie recherchiere ich?**
  Wasserdicht! Das heißt: gründlich sowie juristisch und moralisch einwandfrei. Dieser Grundsatz muss immer im Hinterkopf behalten werden.

- **Kann man nicht einfach loslegen?**
  Kann man schon. Aber wenn der Journalist über die Hintergründe des recherchierten Themas Bescheid weiß, kann er fundierter fragen, genauer hinschauen, Wert und Wahrheit von Informationen abschätzen.

Aus einer Stilfibel des SZ-Projektes „Schüler und Zeitung"

: 8 Bewerte die verschiedenen Artikel („Das sind Deutschlands dreckigste Badeseen", Seite 44; „Ungetrübter Badespaß", Seite 45 und Seite 46) vor dem Hintergrund dieser Regeln. Antworte kurz in Stichworten.

____

____

____

! : 9 Untersuche die Informationen über die Qualität der Badeseen auf ihre Ausführlichkeit und Glaubwürdigkeit hin. Welche Angaben verweisen auf eine fundierte Recherche des Journalisten oder der Journalistin?

____

____

: 10 Überprüfe die Fakten, welche einige der Artikel dir bieten, auf ihren Wahrheitsgehalt. Recherchiere dazu im Internet oder an anderen Stellen. Notiere stichpunktartig deine Ergebnisse.

____

____

____

____

____

1 Impulse zur Weiterarbeit

Viele Tageszeitungen bieten für Schulklassen ein kostenloses Kurzabonnement an. Nutze diese Möglichkeit.

Trage verschiedene Tageszeitungen vom gleichen Tag zusammen und vergleiche, wie unterschiedlich über ein Ereignis berichtet wird.

Erkundige dich, ob bei dir in der Nähe eine Setzerei oder Druckerei ist, die du besichtigen kannst.

Informiere dich über Berufe, die mit Printmedien zu tun haben.

Erkundige dich, ob es möglich ist, in einer Zeitungsredaktion oder in einem Verlag ein Praktikum zu machen.

Du kannst über gewisse Zeit ein Zeitungslesetagebuch führen, in dem du für jeden Tag deinen Lieblingsartikel einklebst und dazu vermerkst, in welchem Ressort er erschienen ist und warum du ihn wichtig oder interessant fandest.

Ihr könnt für die Dauer eines Zeitungsprojektes ein Expertenteam bilden. Ihr sammelt je nach Interessengebieten Zeitungsartikel zu verschiedenen Themen und stellt diese auf einer Wandzeitung dar.

Du kannst eine Lernkartei aufbauen, in der du Fachbegriffe und deren Definitionen zum Thema „Zeitungen und Zeitschriften" sammelst.

Du kannst eine große Weltkarte aufhängen und Markierungen an den Orten anbringen, von denen eine Zeitung im Laufe einer Woche, eines Monats, … berichtet.

Du kannst eine eigene Zeitungsseite mit einem eigenen Zeitungskopf, eigenem Layout usw. entwerfen.

2 Werde selbst zum Journalisten – Jugendliche Zeitungsmacher

2.1 Zeitungstexte verfassen

Ein guter Artikel beginnt immer mit einer interessanten Schlagzeile. Sie muss nicht bereits vor dem Verfassen des Artikels feststehen. Manchmal ergibt sie sich erst beim Schreiben.
Die Schlagzeile
- **lässt das Thema des zu erwartenden Artikels erkennen und ist von entscheidender Bedeutung bei der Frage, ob der Leser den Artikel liest.**
- **ist kurz und prägnant und enthält keine Punkte, Kommata oder Ausrufezeichen (unter Umständen dürfen Doppelpunkte oder Fragezeichen vorkommen).**
- **darf Wortspielereien enthalten.**

Die verschiedenen Textsorten erfordern von dir eine unterschiedliche Herangehensweise.

	NACHRICHT/BERICHT	KOMMENTAR	REPORTAGE
FINDUNGSPHASE	Suche eine interessante Neuigkeit, die es wert ist, verbreitet zu werden.	Überlege, welchen Sachverhalt du kommentieren möchtest.	Am einfachsten ist es, über ein eigenes Erlebnis zu schreiben.
ZIELGRUPPE	Überlege, welchen Leserkreis du mit deinem Artikel ansprechen möchtest.		
ABSICHT	vorrangig informieren	vorrangig überzeugen	vorrangig interessieren
RECHERCHE	Suche nach **gesicherten Fakten**; W-Fragen und Experteninterviews können dir helfen.	Suche nach **unterschiedlichen Meinungen** zum Sachverhalt, z. B. durch eine Meinungsumfrage.	Suche nach Fakten, Meinungen, vor allem aber **Eindrücken** vom Ereignis oder Erlebnis.
EINSTIEG	Der **Einstieg**, fachsprachlich auch **Lead** oder **Vorspann** genannt, soll den Leser zum Weiterlesen einladen.		
	Beginne die Nachicht oder den Bericht immer mit dem **Nachrichtenkern.**	Beginne mit einer eigenen **These** oder mit einer **Gegenthese.**	Beginne mit einem **subjektiven Eindruck**; mit der Beschreibung einer Situation oder Stimmung.
SPRACHE	Schreibe sachlich, einfach, eindeutig.	Schreibe argumentativ, nie in der Ich-Form.	Schreibe anschaulich; berichte, beschreibe und schildere.
BESONDERHEITEN	Achte auf den für die Nachricht oder den Bericht typischen Aufbau.	Achte auf eine argumentative Entfaltung deiner Meinung; stütze deine Argumente mit Belegen, Beispielen und Zitaten.	Achte auf den Wechsel in der Darstellung gesicherter Fakten und persönlicher Eindrücke.
BEISPIELE (SEITE + SCHLAGZEILE)			

: 1 Suche im Kapitel „Textsorten in Zeitungen untersuchen“ (Seite 18 bis 37) Beispiele für die unterschiedlichen Textsorten und notiere sie in der Tabelle.

: 2 Lies dir je ein Beispiel durch und markiere jeweils textsortenspezifische Merkmale in dem Text.

Der Schüleraustausch – das Thema der Woche

Die Jugendredakteure erhalten von der Redaktionskonferenz die Aufgabe, einen Bericht über die Austauschschüler aus Chicago, Illinois, zu schreiben.

Sie beginnen mit der Recherche über den Schüleraustausch im Internet und besorgen sich Informationen über das Programm „German-American-Partnership-Programm" (GAPP). Dann erkundigen sie sich über Chicago. Und schließlich begleiten sie die amerikanischen und deutschen Schüler während einiger Tage, um sie persönlich kennen zu lernen.

Sie haben Notizzettel mit allen gesammelten Informationen erstellt:

German-American-Partnership-Programm – seit 10 Jahren gibt es Besuche über GAPP alle 2 Jahre Austausch (Alter der Schüler 15–17 Jahre) 13 Jungen, 12 Mädchen
Highschool der Partnerstadt
Realschule der Stadt

____

Dieses Mal 25 Amerikaner – Anzahl hängt ab von der Bereitschaft der deutschen Gastfamilien, die jungen Leute für 3 Wochen bei sich aufzunehmen. Die Teilnehmer wurden nach Los und ihrem Notendurchschnitt ausgewählt. Denn sie sollen sich auf Deutsch unterhalten können.

____

Abendprogramm am 25.10. in der Realschule – die Amerikaner zeigen akrobatische Darbietungen, eine Präsentation ihrer Heimatstadt, Gospelsongs – sehen toll aus in ihren Schuluniformen – bombige Stimmung in der Aula!

____

Schule – natürlich saßen unsere Gäste bei uns im Unterricht – meist langweilten sie sich, waren müde

____

Aufregender Tag –
23.10. Ankunft in Frankfurt
Spannung, ob man sich mit den Gastbrüdern und -schwestern versteht – die Gäste waren vom Flug sehr müde
– mit Bus nach Hause gefahren
– schlafen und ausruhen

____

Mark und Susan haben sich verliebt – Abschied tut weh!
Beleg mit Bild!

____

Boris macht ein Gruppenbild:
Die Amerikaner

____

Programm: Ausflüge
Freizeitpark, nach Heidelberg – Schloss, 2 Tage München

____

zu wenig geschlafen …
Internetrecherche – Chicago – Bundesstaat? – Industrie?
?--- ? ----- ? -------------

____

München – Bavaria – Hofbräuhaus – Glückliche Amerikaner!
27. bis 29.10.
Stadtbummel – Shopping, Coffeeshop – Biergarten trotz Kälte – ein MUSS! Berge im Hintergrund.

____

Planung und Organisation –
Die Gastschüler/innen stellten sich per E-Mail bei ihren Gastfamilien vor
Flug Chicago 23.10. – Ankunft – Frankfurt – Abreisetag 12.11.

____

: 3 Ordne die einzelnen Informationen den W-Fragen zu.

! : 4 Schreibe einen Bericht für die Jugendseite der Tageszeitung.
- Nimm die Stichwortzettel der Redakteure zur Hilfe.
- Sammle weitere Hintergrundinformationen zur Partnerstadt Chicago.
- Wähle den Zeitpunkt deines Berichts entweder kurz vor oder kurz nach der Abreise der Gastschüler.
- Achte auf den formalen Aufbau (Pyramide, Seite 21) und die Beantwortung der W-Fragen in der richtigen Reihenfolge. Nimm die Übersicht auf Seite 49 als Grundlage.
- Arbeite im Heft.

Feature: Bericht über ein aktuelles Ereignis, der die Fakten lebendig und anschaulich darstellt, ohne die Sachlichkeit und die W-Fragen zu vernachlässigen. Anfeaturen, umgangssprachlich „anfietschern", bedeutet, einen Bericht etwas aufzulockern, um ihn für den Leser attraktiver zu machen. Sachinformation und Kommentar können abwechseln.
Der Einstieg ermöglicht dem Leser oft eine Momentaufnahme wie etwa Details zu Menschen, Landschaft, Wetter.
Der Hauptteil kommt zur Sache: W-Fragen beantworten, Personen dürfen lebendig wirken, wörtliche Rede sowie Rückblenden können eingebaut werden, Alltägliches wiedergegeben werden usw.
Der Schluss soll noch einmal das Thema aufgreifen oder eine Pointe zum Schmunzeln enthalten.

Diesen sachlichen Vorspann für einen Bericht hat ein Jugendredakteur verfasst:

25 Amerikaner in der Stadt

Am 23.10. kamen 25 junge Amerikaner in Frankfurt/Main an. Die Jugendlichen sind zwischen 15 und 17 Jahre alt.

Die deutschen Gastfamilien beherbergen die Schüler einer amerikanischen Highschool drei Wochen lang. Ein Ausflugsprogramm, dessen Höhepunkte ein zweitägiger Besuch Münchens und die Besichtigung des Schlosses von Heidelberg waren …

Schlagzeile ?
Untertitel ?
Nebel über der Skyline von Frankfurt, eiskalter Wind fegte über den Flugsteig – kein warmer Empfang für 25 kleine Amerikaner in Deutschland! Aber …

W-Fragen

Momentaufnahme bzw. Atmosphärisches

: 5 Suche eine spannende Schlagzeile sowie einen passenden Untertitel zum Bericht.

! : 6 Verfasse einen „angefietscherten" Bericht für die Jugendseite der Zeitung über ein Thema deiner Wahl. Arbeite im Heft.

Austauschschüler in unserer Stadt

Am 23.10. kamen 25 amerikanische Austauschschüler in unserer Stadt an. Sie werden 3 Wochen bei deutschen Familien zu Gast sein. Der Aufenthalt wird von einem Rahmenprogramm begleitet. Die jungen Amerikaner werden hier zur Schule gehen. Im März wird der Gegenbesuch der deutschen Schüler in Chicago stattfinden.

: 7 Versuche, diese Meldung ausführlicher und interessanter zu formulieren. Arbeite im Heft. Benutze dazu Umstell-, Ersatz- und Erweiterungsprobe. Gehe so vor, wie auf Seite 52 gezeigt wird:

Umstellprobe: Ordne die farbig markierten Satzteile so oft wie möglich neu im Satz an.

am 23.10. | kamen | in unserer Stadt | 25 amerikanische Austauschschüler | an.

Ersatzprobe: Setze andere Begriffe ein.

Am 23.10.	kamen	25 amerikanische Austauschschüler	in unserer Stadt	an.
Letzten Freitag	begrüßten			

Erweiterungsprobe: Ergänze Beschreibungen oder genauere Angaben, z. B. durch Appositionen, adverbiale Bestimmungen, Adverbien.

Am 23.10.,
einem eiskalten Tag,
begrüßten
die Schüler der Realschule und ihre Eltern
25 erwartungsvolle junge Amerikaner
in unserer schönen Stadt.

Neugierig
begrüßten
wir
am letzten Freitag
trotz Eiseskälte und Nebel
25 kleine Amerikaner
in unserer Heimatstadt.

Untersuche, welche Satzteile oder Wortarten hier ergänzt wurden. Du kannst den erweiterten Satz umstellen, um Wiederholungen am Satzanfang zu vermeiden, z. B.

Trotz Eiseskälte und Nebel
begrüßten
wir
neugierig
am letzten Freitag
25 kleine Amerikaner
in unserer Heimatstadt.

8 Überarbeite den „angefietscherten" Bericht aus Aufgabe 6, Seite 51 mithilfe der Umstell-, Ersatz- und Erweiterungsprobe. Arbeite im Heft.

Interview-Story: Neben den klassischen Fragen und Antworten werden Beobachtungen und Reaktionen der Personen als Hintergrundinformationen eingebaut. Meist in Klammern stehen dann erzählende Teile. Der Leser soll das Gefühl haben, „dabei" zu sein.

Die Redaktionskonferenz hat die Aufgabe erteilt, eine Interviewstory mit den Austauschschülern zu machen.

: 9 Stelle eine Liste mit möglichen Fragen an die Austauschschüler zusammen. Überlege, ob man die Fragen nach bestimmten Themen ordnen sollte, die für die Leser interessant sind. Schreibe auch Fragen auf, die deine Recherche zum Schüleraustausch mit einbeziehen.

____

____

____

____

1

Mein älterer Bruder war vor 2 Jahren hier in Deutschland. Er war so begeistert, dass ich beschloss, auch am Austausch teilzunehmen, wenn ich 15 Jahre alt bin. Ja, und jetzt war es so weit. Das Tollste ist, dass ich auch in der Gastfamilie wohnen kann, wie mein Bruder, so komme ich mir fast wie zu Hause vor.

2

Ich fand ganz wunderbar, dass wir Heidelberg – das Schloss – und München besucht haben. In der Schule habe ich viel darüber gelesen, so war ich sehr glücklich, dass ich es selbst sehen konnte.

3

Meiner Mutter habe ich eine Dirndlbluse gekauft, die wird sich freuen.

4

Viele kannten sich schon aus der Vorbereitungsgruppe, obwohl nicht alle aus einer Klasse sind. Hier haben wir uns jetzt erst richtig kennen gelernt. Jetzt ist die Stimmung ganz toll! Wir freuen uns auf jeden Tag hier.

5

Abends quatschen wir immer – heißt doch quatschen oder? – der Bernie und ich. Wir erzählen uns dann von unserer Freizeit oder den Freunden drüben und hier. Ich glaube, der Bernie ist ein wirklicher Freund.

6

Total aufgeregt waren wir am Abend, als wir unsere Gospelsongs aufführen sollten. Aber die Zuschauer waren so begeistert, dass wir noch einige Zugaben singen durften. Manche sagten, dass wir auch gut ausgesehen hätten in unseren Schuluniformen.

: 10 Suche die Fragen zu den Antworten. Ergänze sie bei Aufgabe 9, wenn sie fehlen sollten.

! : 11 Schreibe eine Interview-Story. Nimm die obigen Antworten zu Hilfe und versuche, auf deine weiteren Fragen Antworten zu erfinden. Hintergrundwissen kannst du den Notizzetteln entnehmen und, wenn nötig, auch frei erfinden. Arbeite im Heft.

Von dem Auftritt der amerikanischen Austauschschüler in ihren Schuluniformen angeregt, beschließt die Redaktionskonferenz, einen Kommentar zum Thema „Schuluniform" zu schreiben.

27.09.2004 16:43 GAST **?**	[Zitat] [Antwort] **Re: Re: Schuluniform – Ja oder Nein???** Argument für Schuluniform: Außerdem gibt es dann keine Unterschiede mehr, ob man Geld hat oder nicht! Argument gegen Schuluniform: Schuluniformen kosten 'ne Menge SCHOTTER und sind damit unzulässig! Hoffe, ich konnte helfen. MFG Marc
27.09.2004 10:47 GAST	[Zitat] [Antwort] **Ich finde Schuluniformen gut, so steigert sich auch das Selbstbewusstsein und keiner hat mehr Angst vor Diskriminierung!** Steht ja schon oben! Aber egal, Schuluniformen sind cool und außerdem kannst du die selbst modisch stylen, schließlich sind ja Schmuck, Tücher und so was nicht verboten!!! Deshalb sollte man die Schuluniform einführen, weil man somit einfach mehr Freunde finden kann, weil so jeder vor dem anderen gleich steht!
03.12.2004 12:30 GAST **?**	[Zitat] [Antwort] **Re: Schuluniform – Ja oder Nein???** Verehrte Mitschüler und Lehrer, unserer Meinung nach sollten die Schuluniformen wieder eingeführt werden. Allein schon deswegen, weil wir eh den Amerikanern alles nachmachen und im Amyland ja eh Schuluniform Pflicht ist. Außerdem trägt es einen Teil dazu bei, dass Geld nicht mehr eine so hohe Rolle spielt und das Mobbing nimmt auch ab, denn heutzutage ist ja eh das Aussehen Nummer 1. Mit freundlichen Grüßen Soz 11c
10.10.2004 17:22 GAST	[Zitat] [Antwort] Nein, zur Uniform in Schulen – das erinnert mich zu stark an die Nazi-Hitlerjugend.
03.11.2004 09:20 GAST	[Zitat] [Antwort] Ich bin gegen die Einführung der Schuluniform, weil ich der Meinung bin, dass soziales Denken und Verhalten in unserem Kopf beginnt und nicht von irgendwelchen Politikern erzwungen wird.

: 12 Schreibe zu diesem Thema einen Leserbrief an die Redaktion. Arbeite im Heft.

! : 13 Verfasse auf der Grundlage der Informationen zum Thema und der Meinung der Jugendlichen einen Kommentar. Nimm die Übersicht auf Seite 49 zur Hilfe. Arbeite im Heft.

> Das Buch handelt davon, dass ein ganz normaler 13 Jahre alter Junge aus den USA durch ein Missverständnis in ein Strafcamp kommt. Die ganze Tätigkeit der jungen Straftäter besteht darin, dass sie jeden Tag ein Loch graben müssen, 5 Fuß tief und 5 Fuß breit. Die Leiterin des Lagers behauptet, dass das gut für die Charakterbildung wäre. Die Jungen denken aber, dass die Chefin etwas sucht. In diesem Camp entwickelt sich eine echte Freundschaft zwischen zwei Jungen.
> Das Buch gefällt mir sehr gut, da es ziemlich witzig und doch spannend ist, aber auch an manchen Stellen ernst. Es ist nicht schwer zu lesen, da es gut geschrieben ist. Wenn man erst einmal mit dem Lesen angefangen hat, kann man gar nicht mehr aufhören, weil es einen so mitreißt.
> „Löcher" wurde mehrfach mit amerikanischen Literaturpreisen ausgezeichnet […].

: 14 So beginnt eine Buchrezension eines Schülers. Notiere, welche Aspekte darin angesprochen werden und was in einer Buchrezension außerdem berücksichtigt werden sollte.

15 Verfasse für die Jugendzeitung selbst eine Rezension zu einem Buch eines amerikanischen Schriftstellers oder einer amerikanischen Schriftstellerin oder zu einem amerikanischen Film. Arbeite im Heft.

Reiseträume und ein verkanntes Land

Dinge sind nie so, wie sie sind, sie sind immer das, was man aus ihnen macht.

Verdammt. Ich bin wirklich in Polen! Hätte es nicht Frankreich, Italien oder wenigstens Österreich sein können? Aber nein, jetzt sitze ich in einem sicherheitsuntauglichen, geruchlich bedenklichen Kleinbus mit einer ganzen Horde schnatternder Mitschülerinnen auf dem Weg nach Krakau, und das alles nur, weil wir die EU-Osterweiterung mit unserer neuen Partnerschule begrüßen wollen. [...]

Wir sind endlich angekommen! Neugierig steige ich aus dem Bus, um mir die relativ unbekannte Umgebung anzuschauen. [...]

Vor mir sehe ich unsere Unterkunft für die nächsten paar Tage – eine kleine, etwas altmodische Jugendherberge. „Na, das kann ja was werden!“, denke ich mir so. Doch was hatte ich denn erwartet – ein Vier-Sterne-Hotel? Als wir unser Gepäck in unsere relativ geräumigen Zimmer schaffen, muss ich mir eingestehen, dass es doch eigentlich gar nicht so schrecklich ist. Okay, also hatte ich mich in diesem Punkt geirrt, aber ansonsten wird Polen bestimmt genauso sein, wie immer erzählt wird: heruntergekommen, kriminell, grau und nicht gerade sehr spannend ... Aber das werde ich wohl erst morgen erfahren.

Der nächste Morgen – und schon wieder sitze ich im Bus. Diesmal allerdings auf dem Weg zur Stadtrundfahrt durch die Krakauer Innenstadt. Am Fenster ziehen kleine Häuser vorbei, und meine Freundin Kristin, die neben mir sitzt, sagt nur immer wieder, wenn sie ältere Häuser oder Menschen, deren Klamotten nicht so „westlich“ aussehen, sieht: „Die Armen, die haben es ja wirklich nicht so gut wie wir – hier möchte ich nicht unbedingt wohnen.“

Als ich schon fast wieder am Einschlafen bin, hält der Bus ruckartig an. Mit einem Mal stürzen alle hinaus in den Sonnenschein. Durch das schöne Wetter sieht Polen doch gleich viel weniger grau aus, und als wir um die nächste Ecke biegen, bin ich unglaublich beeindruckt von der faszinierenden Architektur der Gebäude auf dem restaurierten Marktplatz. Ich bin erstaunt, wie sehr mich doch diese polnischen Sehenswürdigkeiten bis jetzt beeindruckt haben.

Nach diesem äußerst lehrreichen Kulturschock sieht man allen an, dass sie dringend Abwechslung nötig haben. Deshalb beschließen wir, in ein schnuckeliges Straßencafé zu fahren. Dort warten zu unserer Überraschung unsere Partnerschüler! Ich muss schon sagen: Diese Reise wird immer besser. Die polnischen Schüler kommen sofort auf uns zu, begrüßen jeden überschwänglich und beginnen meine Freunde und mich in perfektem Englisch auszufragen. Zuerst sind wir zwar noch etwas zurückhaltend, aber nach kurzer Zeit verstehen sich alle richtig gut. Wir haben in etwa dieselben Interessen, und deshalb verabreden wir uns gleich [...]

16 Lies den Anfang der Reisereportage einer Schülerin. Was meint wohl die Verfasserin, wenn sie von einem lehrreichen Kulturschock spricht?

17 Untersuche, wodurch die Reportage interessant und spannend wird.

! 18 Verfasse selbst eine Reisereportage für die Jugendzeitung. Schreibe so, dass sich die Leser in das Erlebte hineinversetzen können. Verwende auch die Übersicht auf Seite 49. Arbeite im Heft.

2.2 Projekt Klassenzeitung

Ihr habt eine ganze Menge Informationen rund um die Zeitung bekommen und viel zu diesem Thema gelernt. Jetzt ist es an der Zeit, es selbst zu probieren – mit einer Zeitung, an der die ganze Klasse mitwirkt.

SCHRITT 1

Besprecht in der Klasse, welchen Umfang die Zeitung haben soll und welche Themen aufgenommen werden könnten.

Einige Vorschläge wären Themen aus Schule, Stadt, Freizeit, Sport, Personenportraits, Film- und Musikrezensionen, …

SCHRITT 2

Verteilt die Arbeit in Gruppen.

Denkt auch daran, eine Redaktionsgruppe zu bilden, die die gelieferten Texte mithilfe von Textverarbeitungsprogrammen „in Form bringt".

Nutzt Rechtschreibwörterbücher und die Rechtschreibhilfe des Textverarbeitungsprogramms.

Die Gruppen gehen an die Arbeit, d.h. Termine festlegen, Informationen einholen, Interviews machen, Befragungen durchführen, Fotos anfertigen, …

Handwerkszeug: Ein Block und Stifte müssen immer dabei sein, bei Interviews ist ein Diktiergerät/Aufnahmegerät notwendig. Gut ist es auch, wenn ihr eine Digitalkamera mitnehmt.

SCHRITT 3

Wenn ihr alle Informationen zusammengetragen habt, tippt ihr sie in den PC und gebt die Ausdrucke an das Redaktionsteam weiter.

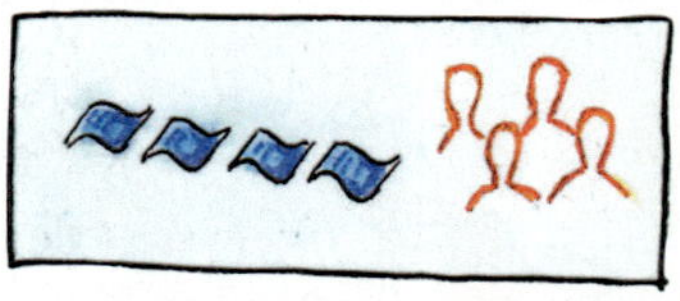

SCHRITT 4

Das Team bespricht, welche Artikel aufgenommen werden, welche zur Überarbeitung noch einmal zurückgehen müssen und welche vom Team überarbeitet werden.

SCHRITT 5

Herstellung der Zeitung mit einem Textverarbeitungs- und Publikationsprogramm; Vervielfältigung, Zusammenheftung.

SCHRITT 6

Verteilung und kritische Besprechung (Redaktionskonferenz) in der Klasse.

Textverarbeitung – So sieht es nach Zeitung aus

Um eure Zeitung zu gestalten, reicht für den Anfang ein normales Textverarbeitungsprogramm wie z. B. Word. Damit könnt ihr problemlos Texte in Spalten setzen, Grafiken und Bilder einfügen, Schlagzeilen und Bildunterschriften hervorheben und vieles mehr.

Hier bekommt ihr einige Tipps für das Layout.

Eine Seite in Spalten einteilen
Klickt auf das Spaltensymbol und wählt mit gedrückter Maustaste aus, wie viele Spalten ihr haben möchtet. In diesem Fall wird die Seite in zwei Spalten eingeteilt.

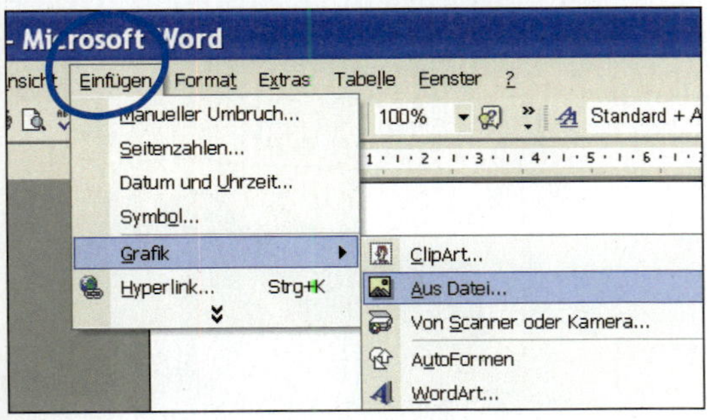

Eine Grafik einfügen und in den Text integrieren
Auch wenn ihr eure Zeitung in Spalten eingeteilt habt, könnt ihr Grafiken einfügen, die über die Spalten hinausgehen.

So geht es: Klickt auf das Menü *Einfügen* und wählt den Unterpunkt *Grafik*. Hier könnt ihr die Quelle eures Bildes auswählen. Ein Doppelklick auf das gewählte Bild – und schon befindet es sich auf eurer Seite und kann mit der Maus an seinen Platz geschoben oder vergrößert bzw. verkleinert werden.

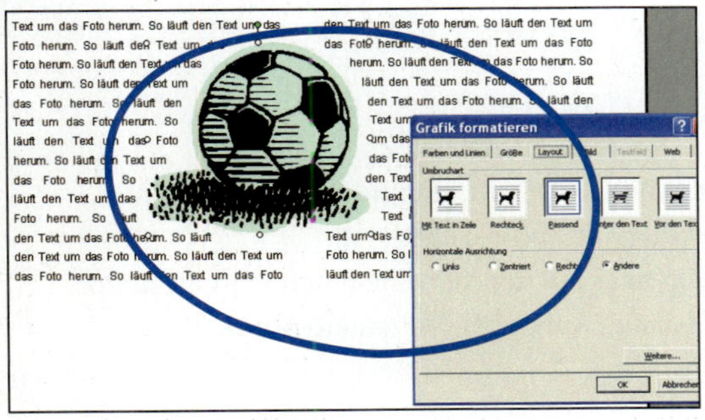

Wenn ihr möchtet, dass Text um eure Grafik herumfließt, klickt die Grafik mit einem Doppelklick an, wählt aus dem Menü den Punkt *Layout* und hier *passend*. Dann könnt ihr die Grafik verschieben, wohin ihr wollt, euer Text läuft um sie herum. Probiert auch andere Möglichkeiten aus.

Und jetzt noch die Bildunterschrift
Kein Bild ohne Unterschrift – so sollte es sein und es geht ganz einfach: Mit der Maustaste markiert ihr die Grafik. Klickt in der Menüleiste *Einfügen* auf *Referenzen – Beschriftung*. Im Feld *Neue Bezeichnung* gebt ihr die Bildunterschrift ein und bestätigt mit ok.

1 Sich in der Welt der Werbung orientieren

Werbung ist eine Form von Kommunikation, mit der sich ein Anbieter oder Hersteller von Waren/Dienstleistungen an eine Gruppe von möglichen Konsumenten wendet, um diese durch Überzeugung von einem Produkt, einer Dienstleistung oder dem Anbieter selbst positiv einzunehmen.

: 1 Formuliere die Definition mit eigenen Worten. Löse dazu das Satzgefüge in einfache Sätze auf.

___

___

___

: 2 Überlege, welche Rolle die Werbung in deinem Alltag spielt.
In welchen Medien begegnet sie dir?
Welche Werbung gefällt dir, welche weniger?

___

___

Werbeträger sind Medien oder Gegenstände, welche die Werbebotschaft mithilfe der verschiedenen Werbemittel zum Verbraucher „tragen", z. B. Zeitung, Plakatwand, Radio, Feuerzeug.
Unter Werbemitteln versteht man die Werbeformen, die in oder auf den verschiedenen Werbeträgern verwendet werden können, z. B. Plakate (auf einer Litfaßsäule), Aufkleber (auf einem Auto).

WERBEMEDIEN

Printmedien	Hörfunk	Kino/TV	Internet
Werbeanzeigen	Akustische Werbespots		
Produktplacement	Kurzfilme	Werbespots	Werbemails, Logos, Websites, Banner

: 3 Welche weiteren Werbemedien und Werbemittel kennst du? Denke z. B. an Großveranstaltungen. Recherchiere im Internet, was man unter „Spam" und „Paidmailing" versteht. Welche weiteren Werbeformen werden im Internet verwendet?

___

Fragebogen „Werbungskonsum“

1. Kreuze an, wie alt du bist. ☐ 13 J. ☐ 14 J. ☐ 15 J. ☐ 16 J.
2. Bist du ein Junge oder ein Mädchen? ☐ Junge ☐ Mädchen
3. Wie stehst du im Allgemeinen zur Werbung?
   ☐ Werbung ist interessant. ☐ Werbung ist mir egal. ☐ Werbung stört mich.
4. In oder auf welchen Werbeträgern siehst, liest oder hörst du am meisten Werbung?
   ☐ Fernsehen ☐ Radio ☐ Internet ☐ Zeitung ☐ Zeitschrift
   ☐ Plakatwände ☐ andere, welche: ______________________
5. Nenne spontan eine Werbung, die dich in letzter Zeit besonders angesprochen hat.
   ____
6. Warum hat dir diese Werbung besonders gefallen?
   ____
   ____
7. Hat dich eine Werbung schon einmal bewusst zum Kauf eines Produkts angeregt?
   ☐ nein ☐ ja, z. B. bei: ______________________

! : 4 Führe die Umfrage in deiner Klasse oder in Parallelklassen durch. Werte die Umfrage aus und fasse die wichtigsten und interessantesten Ergebnisse in einem Informationstext zusammen. Arbeite im Heft.

2 Der Aufbau von Werbeanzeigen

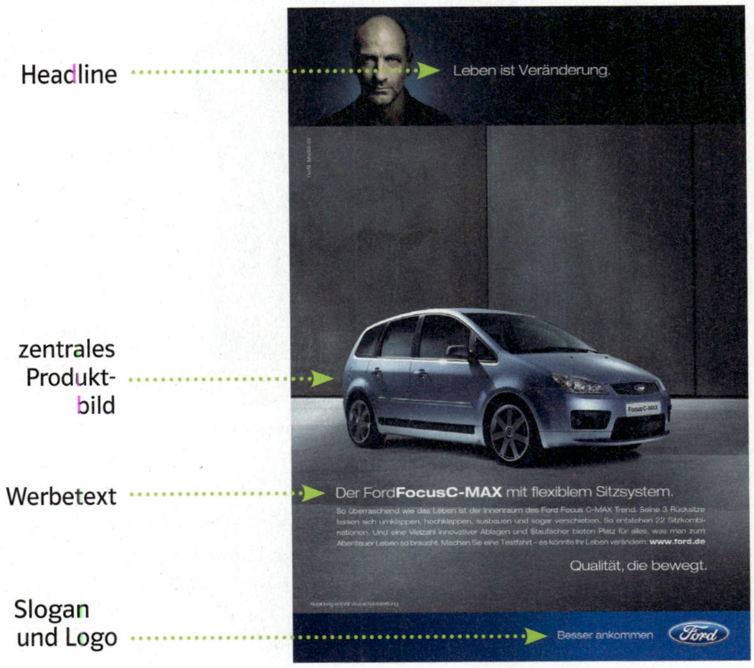

Werbeanzeigen bestehen in der Regel aus vier Hauptteilen:
- **Headline:** der Aufmacher, die Überschrift oder Schlagzeile; sie soll die Aufmerksamkeit des Betrachters wecken.
- **zentrales Produktbild**
- **Werbetext**
- **Slogan:** meist ein kurzer Satz, der eng mit dem Produkt oder dem Unternehmen verbunden ist; im Gegensatz zur Headline bleibt der Slogan oft über Jahre gleich. Der Slogan steht häufig nahe beim **Logo**, dem Firmenzeichen des Unternehmens.

: 1 Beschreibe den Aufbau der Lufthansa-Werbung. Beschrifte dazu die einzelnen Elemente mit den Fachausdrücken. Beachte auch, in welchem Verhältnis Bilder und sprachliche Elemente zueinander stehen.

3 Werbestrategien

Kurze Sätze werben meist indirekt für Produkte oder Organisationen oder sollen auf diese aufmerksam machen. Dabei werden verschiedene Strategien benutzt:

Appelle an unterschwellige Bedürfnisse und deren Befriedigung

Versprechen und Bewertungen

versteckte und unterschwellige Appelle zum Kaufen

Appelle an Gefühle

Argumente für den Nutzen des Produkts

Oft werden mehrere dieser Strategien in einem Leitbild zusammengefasst. Ein Leitbild vermittelt eine Wunschvorstellung (z. B. Schönheit, Geborgenheit, glückliche Familie, Reichtum).
Die Werbebotschaft ist: Wer dieses Produkt besitzt oder benutzt, hat seine Wunschvorstellung – zumindest teilweise – bereits verwirklicht.

: 1 Untersuche die Anzeige der Lufthansa auf Seite 60: Welche Werbestrategien werden angewandt, welches Leitbild wird vermittelt?

Ich will jetzt vom Fernsehen der Zukunft profitieren
(Werbung für Premiere, für Pay-TV)

Die Fitnesskur für ihre Seele
(Werbung für ein Sonderheft der Zeitschrift „Stern")

Für Schönheit sind wir zuständig.
(Werbung für Parfümerie)

Hasst Gehege, Hasst Maulkörbe, Passt zu Ihnen.
(Werbung für die Automarke Porsche)

: 2 Ordne die Werbesprüche (Headlines) den verschiedenen Werbestrategien zu. (Manchmal kommen verschiedene Strategien zum Einsatz.)

! : 3 Sammle aus verschiedenen Zeitschriften und Zeitungen möglichst unterschiedliche Werbeanzeigen. Verschaffe dir zunächst einen Überblick über das Werbematerial und analysiere anschließend die einzelnen Anzeigen genauer. Halte deine Ergebnisse in der Tabelle fest.

MARKE/PRODUKT	KURZBESCHREIBUNG DER ANZEIGE	WERBEBOTSCHAFT(EN) UND PRODUKTEIGENSCHAFTEN	LEITBILD(ER)

4 Sprache der Werbung

Die bewusste Auswahl der sprachlichen Mittel gehört zur Strategie der Werbung. Slogans weisen oft mehrere der folgenden Merkmale auf:

- kurz und bündig
- interessant
- treffend
- einprägsam
- verständlich
- assoziativ
- markenbezogen
- witzig

Neckermann macht's möglich	Intel inside
Haribo macht Kinder froh	Otto ... find' ich gut!
Bitte ein Bit! (Bitburger Bier)	Drivers wanted! (VW)
Freude am Fahren (BMW)	Wir können alles. Außer Hochdeutsch

1 Ordne die verschiedenen Merkmale aus dem Kasten den Slogans zu.

2 Notiere, worin der Unterschied zwischen Werbespruch und Slogan besteht.

Werbebotschaften in Slogans und Headlines sind meist so formuliert, dass die eigenen Produkte und Leistungen mit Superlativen, positiven Versprechungen und der Steigerung des Geltungsbedürfnisses für den Kunden/die Kundin verbunden werden. Sie sind oft kunstvoll gestaltet. Die wichtigsten sprachlichen Mittel der Werbesprache sind:

ÜBERTREIBUNGEN	*Möbelix – kost' fast nix! (Möbelhaus)* *Hast' ein Kaiser – bist' ein Kaiser! (Bier)*
SUPERLATIVE (= höchste Steigerungsform eines Adjektivs)	*Milka – die zarteste Versuchung, seit es Schokolade gibt.*
ENGLISCHE/NICHT-DEUTSCHE WÖRTER	*Mobile in mind! (Mobilfunk)* *So fantástico schmeckt Mexiko! (Lebensmittel)*
METAPHERN (= Bedeutungsübertragung, Wort wird nicht im eigentlichen Sinne gebraucht)	*Red Bull verleiht Flügel!* (= es wachsen einem nicht wirklich Flügel, sondern man bekommt angeblich neuen Schwung) *Eine Perle* (= etwas Besonderes) *der Natur (Bier)*
WORTNEUSCHÖPFUNGEN	*Das Verwöhnaroma (Kaffee)* *Ich bin so was von kika! (Einrichtungshaus „Kika")*
REIME	*Mars macht mobil – bei Arbeit, Sport und Spiel!*
VERKÜRZUNGEN	*Das Verwöhnaroma (= Aroma verwöhnt)*
DOPPELDEUTIGKEITEN	*Mobile in mind!* (= „Beweglich im Kopf" und „In Gedanken bei einem Mobiltelefon")
ALLITERATION (= zwei oder mehr Wörter mit demselben Anfangsbuchstaben)	*Mobile in mind! Mars macht mobil!*
RHETORISCHE FRAGE (= Frage, die auf keine Antwort zielt bzw. die Antwort schon enthält)	*Wetten, Sie sind begeistert? (Wettanbieter)*
WORTSPIELE	*Hast'ein Kaiser – bist'ein Kaiser! Iss was!? (Imbissbude)*

Fernsehen erster Klasse

Alltag raus, Österreich rein (Urlaub in Österreich)

Das wahrscheinlich beste Eis der Welt.

Fangfrisch auf Ihren Tisch

I'm lovin' it!

Das König unter den Bieren

3 Untersuche die Werbesprüche. Welche sprachlichen Mittel werden verwendet?

4 Analysiere die Werbeslogans. Welche sprachlichen Mittel werden verwendet?

! 5 Formuliere, wo möglich, die Werbebotschaft als direkten Appell.

Beispiel: *„Der Gelbe Engel" – Lassen Sie uns Ihr Schutzengel sein!*

____

____

____

5 Werbung gestalten

1 Wähle ein bestimmtes Produkt, ein Fantasieprodukt oder eine Aktion, für das/die du eine Werbeanzeige gestalten willst.

2 Bestimme eine mögliche Zielgruppe für deine Werbung und entscheide dich für einen Werbeträger. Begründe deine Entscheidung.

____

____

____

____

3 Entwirf eine Skizze von deiner Werbeanzeige. Achte auf die Vollständigkeit und Anordnung der einzelnen Elemente. Arbeite im Heft.

4 Suche einen passenden Slogan und eine Headline. Formuliere einen Werbetext.

5 Gestalte deine Werbeanzeige.
- Du kannst auch Bilder oder Texte aus vorliegenden Anzeigen oder Zeitschriften kombinieren.
- Achte bei der Gestaltung auf die Schriftgröße und -art, auf die Schriftfarbe (Wirkungen der Farben) sowie auf eine übersichtliche Gliederung (Format, Verhältnis von Text und Bildern).

6 Prüfe dich selbst

Kann ich die Elemente einer Werbeanzeige benennen und ihre Funktion erläutern?

1 Welche der folgenden Aussagen über die Elemente von Werbeanzeigen und ihre Funktion sind richtig, welche falsch? Kreuze an.

		richtig	falsch
a)	Der Slogan einer Werbekampagne bleibt oft über Jahre gleich.	☐	☐
b)	Der Slogan einer Werbekampagne fasst eine Werbebotschaft prägnant zusammen und ist meist einprägsam.	☐	☐
c)	Der Slogan einer Werbekampagne steht meist unmittelbar vor der so genannten Headline.	☐	☐
d)	Unter einer „Headline“ versteht man die als direkten Appell formulierte zentrale Werbebotschaft.	☐	☐
e)	Mit der „Headline“ einer Werbeanzeige soll die Aufmerksamkeit der Leserinnen und Leser erregt werden.	☐	☐

Kann ich den Aufbau von Werbeanzeigen analysieren?

2 Beschreibe den Aufbau der Werbeanzeige. Verwende dabei die entsprechenden Fachausdrücke.

Kann ich verschiedene Werbestrategien benennen und konkreten Beispielen zuordnen?

3 Nenne zwei Werbestrategien, mit denen das Bild in der Werbeanzeige Aufgabe 2 einschließlich des integrierten Textes arbeitet.

Kann ich sprachliche Mittel der Werbesprache erkennen und benennen?

: 4 Welche der für die Werbesprache typischen sprachlichen Mittel werden in den beiden folgenden Beispielen verwendet?

Wir helfen Ihnen FESTE feiern ______________________

____

____

superlight ______________________

____

____

7 Kontrolle und Einschätzung, Tipps zur Weiterarbeit

AUFGABE	BEARBEITET AM	WIEDERHOLT AM	☺ KONNTE ICH GUT	😐 DAS WAR MITTEL	☹ MUSS ICH ÜBEN	*Wenn du 😐 oder ☹ angekreuzt hast, dann bearbeite folgende Aufgaben im Teil Lesen und Üben:*
: 1						S. 88/1; S. 91/4; S. 92/7; S. 93/10; S. 93/11
: 2						S. 89/2; S. 91/4; S. 92/7; S. 93/10; S. 93/11
: 3						S. 91/4; S. 92/8; S. 93/9; S. 93/10; S. 93/11
: 4						S. 89/3; S. 91/4; S. 91/5, 6; S. 93/10; S. 93/11

EINSCHÄTZUNG
[L]EHRERIN/DES LEHRERS
ODER DER ELTERN:

1 Vom Text zum Buch in der Buchhandlung

An der Herstellung eines Buches sind neben dem Autor, der den Text schreibt, noch viele Menschen im Verlag, in der Druckerei, im Buchhandel und in der Werbung beteiligt. Der Ablauf, wie ein Buch entsteht, kann von Verlag zu Verlag variieren; die erforderlichen Arbeitsschritte sind jedoch alle nötig.

☐

Autoren schreiben den **Buchtext**, z. B. einen Roman und schicken ihn an einen Verlag, manchmal auch an mehrere Verlage.

☐

Von der Herstellung geht das Manuskript in den sogenannten **Satz**, wo die **Schriftsetzer** den Text entsprechend den Festlegungen der Hersteller am Computer setzen. Es entsteht die Satzfassung.

☐

Nachdem feststeht, dass der Verlag Interesse an dem Manuskript hat, einigt man sich mit der Autorin oder dem Autor über das Erscheinen des betreffenden Buches und handelt einen entsprechenden **Vertrag** aus.

☐

Die Satzfassung geht wieder zurück in die Herstellung. Dort wird nun ein Briefing für die **Grafiker** verfasst, welche die **Illustrationen** und die **Buchcovervorschläge** erarbeiten sollen.

☐

Anschließend geht das Manuskript zu einem **Redakteur** bzw. **Lektor** zum Korrekturlesen. Egal wie gut die Autoren die deutsche Grammatik und Rechtschreibung beherrschen, in jedem Manuskript gibt es Fehler, die ausgebügelt werden müssen.

☐

Von der Druckerei gehen die bedruckten Bögen in die **Buchbinderei**. Hier werden sie gefaltet, gebunden, beschnitten und mit dem Umschlag versehen.

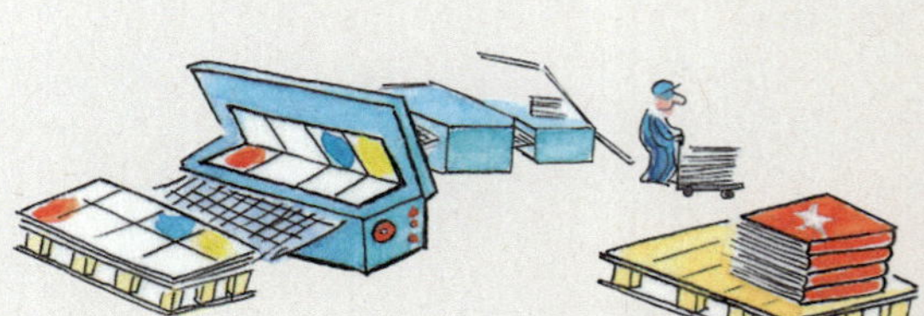

☐ Mitarbeiter des Verlages, z. B. eine Lektorin oder ein Lektor, lesen das Manuskript und **entscheiden** – meist gemeinsam mit der Programmleiterin/dem Programmleiter – ob das Buch verlegt werden soll.

☐ Das korrigierte Manuskript geht dann von der Redaktion in die sogenannte **Herstellung**, eine spezielle Abteilung des Verlages. Hier wird genau festgelegt, wie die Bögen in der Druckerei bedruckt werden sollen, die später die einzelnen Seiten des Buches darstellen. Außerdem bestimmt man hier, welche **Schriften** verwendet werden, welches **Layout** das Buch haben soll usw. Die Hersteller **kalkulieren** die Kosten, die bei der Herstellung des Buches entstehen werden. Man legt Auflagenhöhe, Format und Preis des Werkes fest.

☐ Im Verlag plant man dann, wann das Buch erscheinen und wie es präsentiert werden soll. Man entscheidet sich für einen **Titel**, und im Börsenblatt des deutschen Buchhandels wird eine „Titelschutzanzeige“ geschaltet. Solange das Buch lieferbar ist, darf dieser Titel für kein anderes Buch verwendet werden.

☐ Zeitgleich (wie die Grafiker) erhält ein Texter, der für den **Klappentext** verantwortlich ist, ein Briefing und das Manuskript zum Texten.

☐ Sind alle Korrekturen vorgenommen und von der Setzerei eingearbeitet worden, sind Illustrationen, Cover und Klappentext fertiggestellt, geht das Ganze in Form von Daten in die **Druckerei**, wo alles auf Druckbögen gedruckt wird.

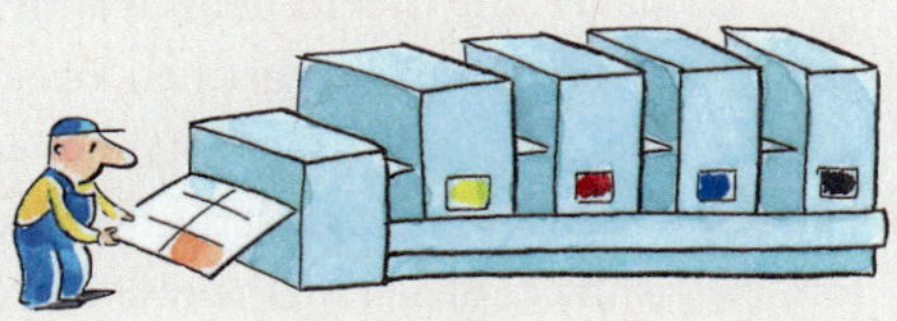

☐ Die fertigen Bücher kommen zunächst ins **Auslieferungslager**. Auf Bestellungen werden sie in **Buchhandlungen** geliefert.

☐ Die **Satzfassung** geht noch einmal in die Redaktion zum **Korrekturlesen.** Gleich anschließend an diesen Korrekturdurchgang wird die Fassung auch an den Autor verschickt, damit er noch einmal einen Blick auf seinen Text und die eventuell im Verlag eingearbeiteten Änderungen werfen kann.

! : 1 Bringe die einzelnen Stationen der Buchentstehung in die richtige Reihenfolge. Nummeriere die Kästen entsprechend.

2 Wie ein Schulbuch entsteht

Schulbuch- und Bildungsverlage

Rund 80 Schulbuch- und Bildungsverlage versorgen in Deutschland derzeit rund 12 Millionen Schüler und etwa 700 000 Lehrerinnen und Lehrer, viele Lerner in der Erwachsenenbildung und alle Studenten der Erziehungswissenschaften mit Schulbüchern, Unterrichtsmaterialien, Studienbüchern, Literatur für die berufliche Bildung und etlichem mehr. Das Gesamtangebot dieser Verlagssparte umfasst auch zahlreiche digitale Angebote – von Lernsoftware über Downloads bis zu Online-Portalen für das Lehren und Lernen. Der Oberbegriff für diese Angebote ist Bildungsmedien. Das Gesamttitelangebot für in den Schulen verwendete Bücher liegt bei rund 45 000. Jährlich erscheinen über 3000 neue Titel für den Bildungsbereich. [...] Schulbücher werden für bestimmte Bundesländer und für die dort existierenden Schulstrukturen und Bildungspläne oder Kerncurricula entwickelt: In Sachsen gibt es die Mittelschule (eine Kombination aus Haupt- und Realschule), in Hessen dagegen getrennte Haupt- und Realschulen. In Berlin dauert die Grundschule 6 Jahre, in Baden-Württemberg 4. Da sich die Strukturen und pädagogischen Vorstellungen der Bundesländer gravierend voneinander unterscheiden, müssen konsequenterweise Länder- oder Regionalausgaben entwickelt und produziert werden. Denn: Mathematik in Bayern ist nicht gleich Mathematik in Schleswig-Holstein. Und die Hauptschule in NRW hat ein anderes Konzept als die Hauptschule in Baden-Württemberg. Dann beziehen sich Schulbücher und Bildungsmedien verständlicherweise auf unterschiedliche Schularten, bestimmte Jahrgänge, Fächer oder Fächerkombinationen, über 400 Ausbildungsberufe und etliche Berufsfelder – mit höchst unterschiedlichen Größen der Lernergruppen. Wenn in Bayern etwa 29 000 Schüler in der gymnasialen Oberstufe Englisch in der 11. Klasse lernen, sind es in Bremen gerade mal 2500. Und den 9200 Lateinschülern in der 11. Klasse des Gymnasiums in Baden-Württemberg stehen 771 in Mecklenburg-Vorpommern gegenüber. Im Ergebnis ist festzuhalten, dass es keinen bundesweiten Markt für Schulbücher gibt, sondern sehr uneinheitliche, kleinteilige „Märktchen", die sich auf Altersgruppen, Schulstrukturen und Fächer beziehen. [...] Schulbücher sind heute nicht mehr – von Ausnahmefällen abgesehen – „alleinstehende" Lehrwerke, sondern ein auf den Lernzweck fein abgestimmter „Medienbaukasten", aus dem sich Lehrer wie Schüler bedienen. Zu einem Lehrwerk gehören i. d. R. Arbeitshefte, oftmals jetzt auch eine beigelegte CD mit weiterführenden oder vertiefenden Lerninhalten, bei Sprachwerken Grammatikhefte und Wörterbücher, bei naturwissenschaftlichen Werken auch Tabellen- oder Formelhefte etc. In fast allen Fächern sind Schulbücher in „Reihen" angelegt, die den Jahrgangsstufen folgen. Damit soll der in den Bildungsplänen und Kerncurricula der Kultusministerien festgelegte Lernfortschritt erreicht werden. Das einzelne Schulbuch ist so nur Bestandteil eines die ganze Schulstufe umfassenden Gesamtkonzeptes. Schulbücher sind in gewissem Sinn „Auftragsarbeiten" für die Kultusministerien und die Schulen. Als das Leitmedium im Unterricht sind sie neben der Lehrerfortbildung das wichtigste Instrument zur Popularisierung von neuen Unterrichtszielen und Bildungsreformen. Deswegen unterliegen sie einem Zulassungsverfahren, das überprüft, ob diese Ziele auch erreicht werden. Die Lehrpläne und Kerncurricula formulieren diese Ziele, den Weg zur kompetenten Umsetzung in eine erfolgreiche Unterrichtspraxis müssen Autoren und Verlage finden. Neben der Abstimmung auf die Lehrpläne oder Kerncurricula haben die Verlage bei der Konzeption auch den aktuellen Stand der fachwissenschaftlichen Diskussion mit in die Schulbuchkonzeption einzubringen. Die Inhalte von Schulbüchern müssen „stimmen", da sich darauf eine ganze Generation verlassen muss. Insofern ist es wenig überraschend, dass Schulbuchredakteure sowohl über eine gute fachwissenschaftliche wie auch eine exzellente pädagogische Ausbildung verfügen müssen. Für die neuen Lehrwerke entwickeln die Autoren in enger Zusammenarbeit mit den Fachredaktionen der Schulbuchverlage ein didaktisches Konzept, das festlegt, welche Themen in dem Werk aufgenommen werden, in welcher Reihenfolge und mit welchem Gewicht diese Themen behandelt werden, ob und wie Schwerpunktsetzungen erfolgen, in welcher Form neue Themen in den Unterricht eingeführt werden, mit welchem Schwierigkeitsgrad das Verständnis der Schüler gefordert wird, in welchem Rhythmus der Lernfortschritt vorangetrieben wird. Parallel dazu wird in Absprache zwischen Autoren und der Verlagsredaktion ein „Designkonzept" erstellt, das u. a. die Zahl der zu entwickelnden Medien, die Anordnung der Text-Bildelemente zu einem „funktionierenden" Seitenlayout, die Darstellungsform von Formeln, Aufgaben, Versuchen, Grafiken, Tabellen etc., Schriftgröße und Zeilenabstand, die farbliche Grundgestaltung sowie sämtliche sonstigen äußerlichen Merkmale festlegt. […] Hat der Verlag das neue Werk entwickelt und produziert, muss der Verlag es in spezielle Zulassungsverfahren der Bundesländer geben – nur die Werke, die von dem jeweiligen Kultusministerium als Schulbuch zugelassen sind, können für den Unterricht angeschafft werden. Darüber hinaus werden wichtige neue Lehrwerkreihen von den Verlagen noch in der Entwicklungsphase in ausgewählten Schulen auf ihre Praxistauglichkeit getestet. Mit diesem aufwändigen Verfahren werden die neuen Lehrwerke frühzeitig auf die Bedürfnisse der Lehrer abgestimmt. Sie sichern so den Erfolg eines Lehrwerkes. Sind diese Hürden geschafft, wird das weitere mediale Zusatzangebot weiterentwickelt und vervollständigt: Die Bildungsverlage bieten dann sehr spezielle Arbeitshefte an, die auf einzelne Themen des Lehrplanes eingehen (in den Fremdsprachen z. B. Grammatiktrainer) und die z. B. helfen, Lerndefizite auszugleichen oder Lernerfolge zu festigen. Hierzu gehören auch multimediale Angebote, mit denen die Schüler zu Hause weiter üben können. Oder Prüfungsbücher, mit denen man sich auf ihre Zwischen- und Abschlussprüfungen vorbereiten kann. Für die weitere Unterrichtsgestaltung stellen die Verlage zusätzlich Transparente, Arbeitsfolien und CD-ROMs her. Last but not least entwickeln die Verlage ausgesprochen umfangreiche Lehrerkommentare, die den Pädagogen die Konzeption bestimmter Unterrichtsvorhaben und deren Umsetzbarkeit in konkretes pädagogisches Handeln erläutern und ermöglichen.

2 Markiere in dem Text die Schlüsselwörter und unterstreiche die Nebeninformationen.

3 Gliedere den Text mithilfe von Klammern in Sinnabschnitte und gib jedem Abschnitt eine Überschrift. Fasse die wichtigsten Aussagen in Randnotizen zusammen.

4 Notiere eine kurze Zusammenfassung des Textes in Stichworten.

SICH IN ZEITUNGEN UND ZEITSCHRIFTEN ZURECHTFINDEN

WITZIGES

„Schmier dir mal Öl ins Gesicht", sagt der Meister zum Lehrling, „damit der Kunde auch glaubt, dass wir den Ölwechsel gemacht haben!"

❖

„Sie laufen soviel herum", sagt der Chef zum Nachtwächter. „Schalten Sie doch einfach den Bildschirm unserer Überwachungsanlage ein." – „Das geht nicht. Dann schlafe ich ein!" J. B.

WETTER

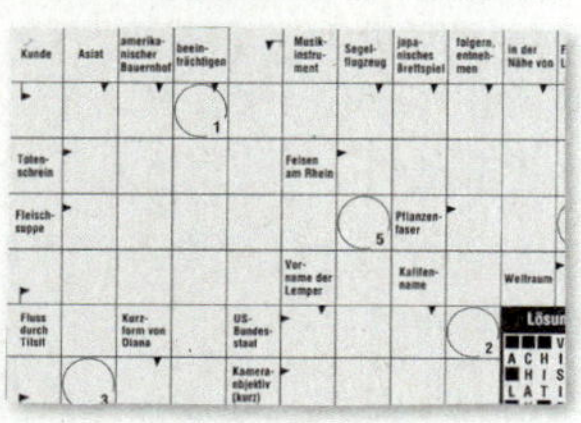

LESERBRIEFE

Hilfsbereit

Montessori-Schule

Da werden Schulmöbel angeliefert und die Schüler helfen, die kleinen Stühle und Tische in die verschiedenen Etagen zu tragen. Wer den Bewegungs- und Tatendrang von Kindern kennt, nimmt es der Schulleiterin ab, dass die Kinder mit Freude zugepackt und zum Beispiel zu sechst einen Tisch getragen haben.

Eine Selbstverständlichkeit, sollte man meinen. Aber nein! Als Eltern von der „Möbelpacker-Aktion" erfuhren, schlugen sie Alarm, schalteten einen Anwalt und auch noch das Schulverwaltungsamt ein. Der Rechtsanwalt Zirkel spricht von der „Wiedereinführung der Kinderarbeit"! Wer die Hilfsbereitschaft von Kindern rechtlich bekämpft, sollte sich später nicht über mangelnde Hilfsbereitschaft von Jugendlichen beklagen.

Ernst-Wilhelm Timpe
Mühligweg 3

Bundesliga

Hertha BSC Berlin – VfB Stuttgart 2:2 (2:1)
Berlin: Fiedler – Friedrich, van Burik, Simunic – Chahed, Dardai – Cairo (83. Samba), Neuendorf (76. Okoronkwo), Boateng (60. Ebert) – Gimenez, Pantelic.
Stuttgart: Hildebrand – Osorio, Tasci, Delpierre, Magnin – Pardo – Hilbert (70. Gentner), da Silva (90.+1 Khedira), Hitzlsperger – Gomez, Cacau (81. Tomasson).
0:1 Gomez (4.), 1:1 Friedrich (9.), 2:1 Pantelic (14.), 2:2 Cacau (57.). – Schiedsrichter: Kinhöfer (Herne). – Gelbe Karten: Neuendorf, Chahed – Pardo, Tasci, Magnin.

Bayer Leverkusen – Schalke 04 3:1 (1:1)
Leverkusen: Butt – Haggui, Juan, Madouni (40. Kießling), Castro – Ramelow, Rolfes – Freier (68. Schwegler), Schneider – Barbarez – Voronin (90.+1 Babic).
Schalke: Rost – Varela (63. Hamit Altintop), Rodriguez, Bordon, Krstajic – Bajramovic (72. Özil), Ernst, Kobiaschwili (59. Lövenkrands) – Lincoln – Halil Altintop, Kuranyi.
0:1 Bordon (6.), 1:1, 2:1 Castro (28., 47.), 3:1 Ramelow (56.). – Referee: Wack (Biberbach). – Gelbe Karten: Freier (2), Haggui (2), Castro (2) – Bordon (2).

1	(3)	Hertha BSC	6	2	4	0	10:4	10
2	(4)	1. FC Nürnberg	6	2	4	0	7:3	10
3	(8)	Werder Bremen	6	3	1	2	12:9	10
4	(1)	Bayern München	6	3	1	2	7:5	10
5	(2)	FC Schalke 04	6	3	1	2	7:6	10

LOTTO – TOTO

40. Veranstaltung

Lotto am Mittwoch:
6 – 8 – 12 – 33 – 38 – 42
Zusatzzahl: 45
Superzahl: 6
Spiel 77: 6 7 4 7 6 8 6
Super 6: 7 4 9 2 1 1
(Angaben ohne Gewähr)

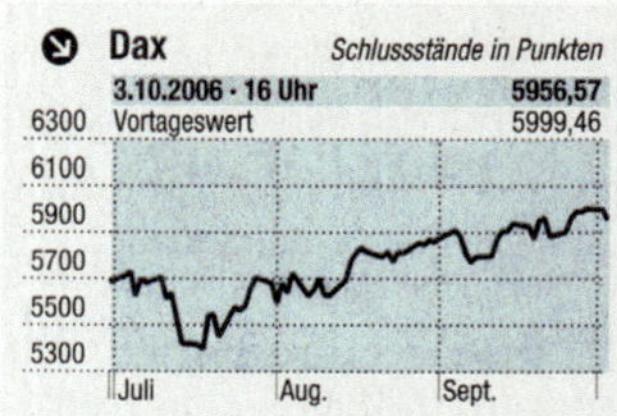

HOROSKOP

Widder 21. 3. – 20. 4.
Für Spekulationen eine schlechte Zeit. Wenn Sie aber einen Flirt ins Auge fassen wollen, bieten sich dafür beste Gelegenheiten. Nichts übereilen.

Waage 24. 9. – 23. 10.
Sie sind in Gefahr, wieder einmal viel zu impulsiv zu reagieren. Wenn Sie sich etwas Zurückhaltung auferlegen, kriegen Sie die Sache in den Griff.

KÖLN

Diebe auf Fischzug mit Honig und Kleiderbügel

Mit einer neuen Masche betrügen Diebe Banken und Sparkassen. Sie fischen mit Kleiderbügeln, die mit klebrigem Honig beschmieren sind, Überweisungsträger aus Nachtbriefkästen und leiten das Geld auf eigene Konten um. **Seite 31**

SPORT

FC veröffentlicht Zahlen

Der 1. FC Köln hat das abgelaufene Geschäftsjahr 2005/2006 mit einem geringen Verlust beendet. Bei einem Umsatz von rund 48 Millionen Euro stand am Ende ein Fehlbetrag von 166 000 Euro zu Buche. **Seite 19**

POLITIK

Streit über Türkeipolitik

Der Streit in der großen Koalition über den Kurs ihrer Türkeipolitik nimmt an Schärfe zu. CSU-Chef Edmund Stoiber tritt dafür ein, die Beitrittsverhandlungen des Landes zur Europäischen Gemeinschaft wegen der ungelösten Zypern-Frage auszusetzen. **Seite 8**

→ **ROMAN** Folge 52

Der Wolkenschieber

von Al

Dann ruckelte er knarzend wieder los, um erschöpft wieder zu stoppen. Es gab viel zu sehen. Thomas schaute auf das Rheintal im weichen Sonnenlicht. Ein Weltkulturerbe, wenn auch etwas angestaubt. Die Burgen, die Schiffe, die steilen Rebhänge, der Schicksalsstrom. Er ließ die Gedanken schweifen, arbeitete ein wenig am Notebook, aber nicht zu viel. Es machte ihm nichts aus, als der Zug in Koblenz endgültig kollabierte und man in den verschlissenen Waggons eines Ersatzzuges auf der anderen Rheinseite Richtung Frankfurt weiterschlich.

Hoch über sich sah er das Niederwalddenkmal vorbeigleiten, das an den deutsch-französischen Krieg 1870/71 erinnerte. Wollenberg („ein schöner Waffengang") machte öfters eine Wallfahrt dorthin. Die renommierten Weingüter des Rheingau kamen ins Blickfeld, auch Schloss Vollrads, dessen Besitzer sich – ebenso adlig wie überschuldet – standesgemäß erschossen hatte. Ein Abgang mit Stil, dachte Thomas.

Er brauchte fünf Stunden bis Frankfurt. Na und? Er hatte Zeit.

Aus dem Auftrag wurde natürlich nichts. Vor der Heimfahrt rief er Laura an. Sie hatte im Zooviertel ein 30-Quadratmeter-Apartment gefunden – mehr war nicht drin in der schwarzen Kasse für die Miete. „Es ist, nun ja, es ist schon so wie ein Container", berichtete sie. Die meisten Möbel, die Bücher und die sonstigen Restgüter hatte sie bei Frau Bachlein gelagert. Sie hatte in Neuss einen Kleingarten, eine Hütte und sonstige beträchtliche Lagerkapazitäten. Thomas war zufrieden. So war nun sein Lebensraum auf ein Dreizehntel geschrumpft.

Laura klang gehetzt. Der Exodus ging doch über ihre Kräfte. „Bist du mir böse, wenn ich deine Krimis wegwerfe? Und außerdem ist das alles nicht einfach für mich. Bitte komm schnell zurück."

Theaterkritik	Fortsetzungsroman	Witze	Nachrichten
Buchrezension	Essay	Lottozahlen	Aktienkurse
Rätselecke	Cartoon	Leserbrief	Horoskop

: 1 Sortiere die Zeitungselemente und Textsorten nach ihrer wichtigsten Funktion in die Tabelle ein.

INFORMIEREN	UNTERHALTEN	MEINUNG BILDEN

1

Nachbesserung bei Pflege

■ **Berlin** – Rot-Grün will nach massiver Expertenkritik ihren Gesetzentwurf zur Pflegeversicherung verändern. Bezieher des neuen Arbeitslosengeldes II sollen demnach den geplanten Zuschlag für Kinderlose nicht zahlen müssen. Das Gesetz zur Pflegeversicherung soll am Freitag im Bundestag verabschiedet werden. Entsprechend einer Forderung des Bundesverfassungsgerichts führt es für Kinderlose einen Beitragszuschlag von 0,25 Prozentpunkten ein. *dpa*

____

2

Zwei Verletzte bei Unfall

■ **Frechen** – Schwere Verletzungen erlitten ein 33-jähriger Autofahrer und dessen fünfjährige Tochter bei einem Unfall am Sonntagnachmittag. Der Mann bremste sein Fahrzeug an der Kreuzung der B 264 und der L 103 ab, weil die dortige Ampel von Grün auf Gelb umsprang. Eine 60-jährige Autofahrerin bemerkte das Manöver zu spät, so dass sie mit ihrem Wagen auf das Auto des 33-Jährigen auffuhr. *Günther Jelonnek*

____

3

Karstadt: Programm zur Rettung

Konzentration auf das Kerngeschäft

■ **Essen** – Der Aufsichtsrat des angeschlagenen Warenhaus- und Versandhandelskonzerns Karstadt-Quelle hat am Montagabend dem vom Vorstand erarbeiteten Programm zur Neuausrichtung des Karstadt-Quelle-Konzerns zugestimmt. Wie das Unternehmen mitteilte, sieht das Paket im Wesentlichen die Konzentration auf das Kerngeschäft, die Trennung von Randaktivitäten und die Stärkung von Wachstumsbereichen vor. *dpa*

____

4

„Heimat" rückt in weite Ferne

■ Die Premiere von „Himmel, deine Sterne" im Kölner Schauspiel wird vom 8. Oktober auf den 6. November verschoben. Der Schauspieler Jörg Lichtenstein ist erkrankt. Daraus ergeben sich Änderungen im Spielplan. Die für den 10. und 14. Oktober geplanten Vorstellungen entfallen, am 12. Oktober wird ersatzweise „God save America" gespielt. Für die Aufführungen am 15. und 17. Oktober gibt es „Die bitteren Tränen der Petra von Kant". Im Vorverkauf erworbene Karten sind gültig für die Ersatz-Vorstellung oder werden zurückerstattet. *EB*

____

5

Neuer Trainer auf Schalke?

■ **Gelsenkirchen** – Co Adriaanse vom niederländischen Ehrendivisionär AZ Alkmaar scheint nach wie vor der heißeste Kandidat auf den Trainerposten beim Fußball-Bundesligisten Schalke 04 zu sein. Laut holländischen Medienberichten soll Alkmaar schon nach einem Nachfolger suchen. Adriaanse steht bei Alkmaar noch bis 2005 unter Vertrag. Schalkes Manager Rudi Assauer hatte am Samstag angekündigt, innerhalb der nächsten zwei Wochen einen Nachfolger für Jupp Heynckes zu präsentieren. *sid*

____

: 1 Ordne die Artikel den einzelnen Ressorts zu.

! : 2 Finde das Lösungswort, indem du folgende Buchstaben der richtigen Lösungen der Ressortbezeichnung in eine Reihe schreibst:

❶ 3., 4. und 5. Buchstabe ❷ 6. Buchstabe ❸ 3., 8. und 10. Buchstabe ❹ 2. Buchstabe ❺ 4. Buchstabe

LÖSUNGSWORT – OBERBEGRIFF FÜR ALLES GESCHRIEBENE: ❶ ☐ ☐ ☐ ❷ ☐ ❸ ☐ ☐ ☐ ❹ ☐ ❺ ☐

Strafen für Rassismus im Fußball erhöht

■ **Nyon** – Die europäische Fußball-Union (UEFA) hat am Montag einen neuen Strafenkatalog veröffentlicht. So sind vor allem die Sanktionen für Rassismus und Diskriminierung auf dem Spielfeld sowie in den Stadien verschärft worden. Für Spieler, die rassistische oder diskriminierende Äußerungen oder Handlungen tätigen, ist eine Mindestsperre von fünf Spielen vorgesehen. Sollte es, wie unter anderem in Italien und Spanien in der vergangenen Saison vorgekommen, zu Fremdenfeindlichkeit in den Arenen kommen, ist für die gastgebenden Klubs eine Mindeststrafe von umgerechnet 15 000 Euro vorgesehen. Dies entspricht einer Verdopplung der bisherigen Mindestsumme. *sid*

Ressort: ______________________

Neun Milliarden für Auslandseinsätze

■ **Berlin** – Deutschland hat seit dem Ende des Kalten Krieges knapp neun Milliarden Euro für Auslandseinsätze der Bundeswehr ausgegeben. Die Kosten, gerechnet vom Einsatz in Kambodscha 1992 an, beliefen sich auf 8,78 Milliarden Euro, wie das Verteidigungsministerium auf Anfrage der FDP-Fraktion mitteilte. Derzeit tun 7700 Bundeswehrsoldaten im Ausland Dienst. Je 3000 sind in Afghanistan und im Kosovo stationiert, weitere Einsätze laufen im Kongo, in Bosnien und am Horn von Afrika. Die höchsten Auslandszulagen erhalten Soldaten in Afghanistan mit 92,03 Euro. Im Kosovo und Kongo liegen sie bei 66,47 Euro, in Bosnien bei 53,69 Euro. *Reuters*

Ressort: ______________________

Multimedia-Handys sind sehr gefragt

■ **Frankfurt. 30. Juli** – Die Nachfrage nach multimediafähigen Mobiltelefonen – die in der Branche auch als Smartphones bezeichnet werden – steigt weiter sprunghaft an. Nach Angaben des britischen Marktforschungsunternehmens Canalys stieg der Absatz dieser Geräte, die Handy, mobile E-Mail-Station sowie Terminkalender und Kontaktdatenbank miteinander verbinden, im zweiten Quartal dieses Jahres um 55 Prozent auf 18,9 Millionen Stück. Unangefochtener Marktführer ist hier weiterhin Nokia. Das finnische Unternehmen verkaufte allein mehr als 9 Millionen solcher Geräte und kommt damit auf einen Marktanteil von mehr als 47 Prozent. Allerdings holen die Konkurrenten wie Motorola oder RIM – der Hersteller des Blackberry – auf. Vor einem Jahr lag Nokias Marktanteil noch fast bei 55 Prozent. *jcw*

Ressort: ______________________

Drehtage im Pott

Joachim Krol als Kommissar Lutter

■ In Köln und Essen haben die Dreharbeiten für die neue ZDF-Samstagskrimireihe „Lutter" begonnen. Joachim Krol spielt darin die Rolle des Essener Kriminalhauptkommissars Alex Lutter. Unter der Regie von Jörg Grünler spielen außerdem Lucas Gregorowicz, Sascha Soydan, Michael Hanemann, Thomas Meinhard und Timo Dierkes. Im Auftaktfilm „Um jeden Preis" wird Lutter in einer großen Drogeriemarkt-Kette, deren Bezirksleiter ermordet wurde, ermitteln. Die Dreharbeiten dauern bis zum 15. September 2006. Das ZDF zeigt die beiden „Lutter"-Krimis voraussichtlich Anfang 2007. *kkr*

Ressort: ______________________

1 Notiere unter jedem Artikel das entsprechende Ressort, zu dem dieser gehört.

! 2 Lies die Artikel noch einmal. Wie sind die Informationen wahrscheinlich in die Zeitung gelangt? Antworte in Stichwörtern.

„Strafen für Rassismus im Fußball erhöht":

____

____

____

„Neun Milliarden für Auslandseinsätze":

____

____

____

„Multimedia-Handys sind sehr gefragt": ______________________

____

____

„Drehtage im Pott": ______________________

____

____

Sachinformation – Meinungsbildung – Unterhaltung – Werbung

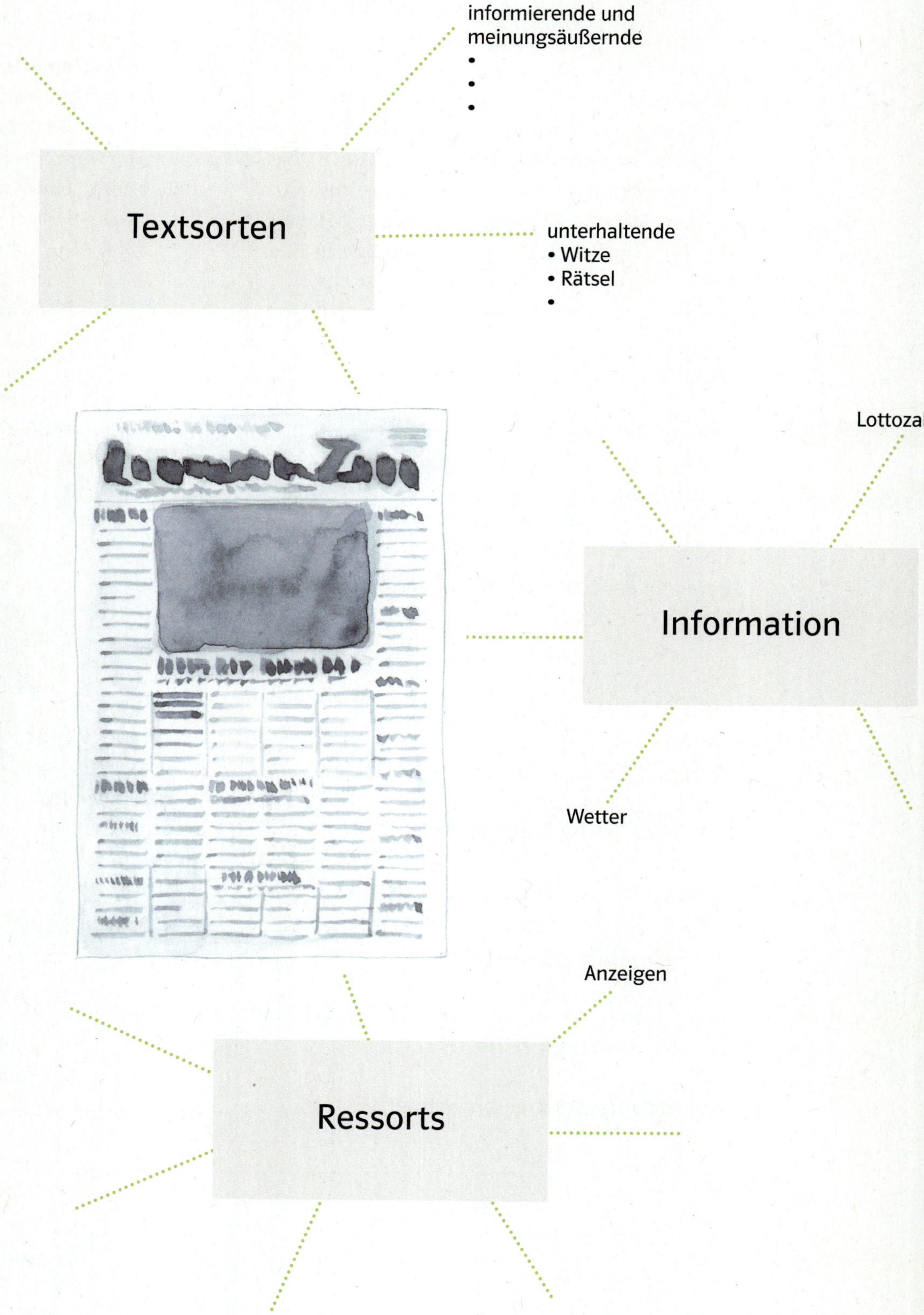

: 1 Vervollständige die Übersicht.

Rentnerin von Kampfhund getötet

Ministerium plant neues Gesetz

Unterdessen ist am Sonntag auch in Niedersachsen eine Frau von einem Kampfhund angegriffen worden. Die Dreiundfünfzigjährige wurde in Einbeck schwer verletzt, als sie mit ihrem kleinen Hund spazieren gegangen war und ihn vorsorglich auf den Arm genommen hatte. Ein Staffordshire-Terrier sprang sie an und verbiss sich in dem kleinen Hund. Bei dem Versuch, die Tiere zu trennen, erlitt die Frau eine große Bisswunde.

Mehrere Bundesländer hatten die Hundehalteverordnung verschärft, nachdem in den vergangenen Jahren Pitbulls, Rottweiler und Staffordshire-Terrier fünf Menschen getötet hatten. Hunde der Rasse American-Staffordshire-Terrier sind in Sachsen-Anhalt als gefährliche Hunde eingestuft. Sie müssen auf öffentlichem Gelände angeleint werden und einen Maulkorb tragen. Die tödliche Attacke ereignete sich nach ersten Erkenntnissen aber auf einem Privatgelände. Sachsen-Anhalts Innenministerium will nun ein Kampfhundegesetz erlassen. Darin soll es strengere Auflagen für Hundehalter geben.

Ein Kampfhund hat am Sonntagabend eine 92 Jahre alte Frau in Groß-Rossau nahe Stendal angefallen und getötet. Der American-Staffordshire-Terrier war vom Besitzer des Hundes, einem Enkel der Frau, der im Urlaub weilt, in die Obhut eines 39 Jahre alten Nachbarn gegeben worden. Der Mann ließ den Hund frei auf dem Grundstück laufen, auf dem auch die Rentnerin wohnte, und hielt sich im angrenzenden Garten auf. Der Hund griff die Nachbarin gegen 20.30 Uhr plötzlich an und biss sie in Arme und Beine. Der Neununddreißigjährige versuchte noch einzugreifen und das Tier zu bändigen. Er konnte der Frau jedoch nicht mehr helfen; sie starb am Ort des Angriffs. Die Staatsanwaltschaft ermittelt wegen fahrlässiger Tötung. Die ebenfalls in dem Haus lebende Enkelin des Opfers kündigte an, dass der Hund eingeschläfert werden soll.

1 Lies die drei Absätze der Nachricht. Bringe sie in die richtige Reihenfolge und nummeriere diese. Begründe anschließend deine Einteilung in Stichworten.

2 Markiere den Informationskern des Artikels, indem du die W-Fragen beantwortest.

An vielen Schulen regiert Gewalt

2003 fast 13 000 Straftaten – Kultusministerium: Alarmierende Entwicklung

■ Stuttgart – An vielen Schulen im Südwesten herrscht das Faustrecht. Die Zahl der Gewalttaten hat seit 1997 um 41,3 Prozent zugenommen.

Dies teilte das Kultusministerium in einem Bericht auf eine Landtagsanfrage der SPD mit. Wegen Körperverletzung und Sachbeschädigung musste die Polizei im vergangenen Jahr 4324-mal einschreiten. 1997 wurden nur 3061 Taten registriert.

Obwohl die Anzahl in den Jahren 2001 (5053 Taten) und 2002 (4663) höher lag als im Vorjahr, stellte das Ministerium fest: „Die zunehmende Bereitschaft junger Menschen, Konflikte mit Gewalt auszutragen, hält an. Am Tatort Schule wurden im letzten Jahr 12 682 Straftaten registriert, über die Hälfte davon waren Diebstähle (55,2 %), der Kriminalitätsschwerpunkt junger Menschen. Beunruhigend hoch ist auch die Zahl der Wiederholungstäter: 46,6 Prozent der Tatverdächtigen unter 21 Jahren waren bereits wegen einer oder mehrerer Straftaten polizeilich in Erscheinung getreten. Bei den Kindern lag die Quote bei 31,0 Prozent und bei den Jugendlichen bei 51,8 Prozent. Das Ministerium hat nach eigenen Angaben auf die alarmierende Entwicklung reagiert.

Den 4000 Schulen wurden seit dem Schuljahr 2003/04 insgesamt 70 Berater zu Fragen der Gewaltprävention und -intervention stundenweise zur Verfügung gestellt. Schulpsychologen wirkten auch in der Lehrerfortbildung mit. Zwischenzeitlich wurden auch in allen Schulamtsbezirken sogenannte Streitschlichterprogramme angeboten.

dpa

!: 1 Entscheide, ob es sich bei dem Artikel um einen Bericht oder um eine Nachricht handelt, indem du
- die W-Fragen beantwortest,
- den Aufbau mithilfe der Pyramide auf Seite 21 untersuchst,
- den Artikel von seinem Ende her kürzt.

Mobben und Erpressen sind Schulalltag

Gewalt gehört zum Alltag

■ Berlin – Die Gewalttaten an Berliner Schulen haben deutlich zugenommen, das zeigte eine Studie der Landeskommission gegen Gewalt in Berlin. Die Zahl der gemeldeten Fälle stieg in einem Jahr um knapp 33 Prozent auf 560 Delikte an.

Erpressen, mobben, schlagen, beschimpfen – Gewalt gehört zum Alltag an Berliner Schulen. Allein im Schuljahr 2003/04 stieg die Zahl der gemeldeten Gewaltvorfälle um knapp 33 Prozent auf 560 Delikte. Zugenommen haben nach dem jüngsten Bericht der „Landeskommission Berlin gegen Gewalt" vor allem Fälle von einfacher und gefährlicher Körperverletzung. Gegenüber dem Schuljahr 2002/03 ist die Anzahl dieser Delikte von 231 auf 365 angewachsen. Die Gewalt beginnt schon im Grundschulalter. So bedrohte ein Schüler in einer Grundschule in Berlin Mitte sein Opfer vor einer Toilette mit den Worten: „Ich will dich töten, ich habe ein Messer dabei!" An einer Tempelhofer Realschule brachen Mitschüler einem Klassenkameraden einen Arm. Aber auch Lehrer gehören zu den Opfern. Die Zahl der Fälle, in denen Pädagogen geschädigt wurden, stieg innerhalb eines Jahres von 103 auf 156 Fälle.

Berliner Morgenpost 15. 02. 2005

1 Um welche Textsorte handelt es sich bei dem Artikel „Mobben und Erpressen sind Schulalltag"? Kreuze die richtige Antwort an und begründe sie. Gehe in deiner Begründung auf die Merkmale der Textsorten ein.

Bericht ☐ Nachricht ☐ Kommentar ☐ Reportage ☐

Begründung: ______________________________

____

____

____

____

____

____

____

____

____

2 Markiere farbig die Textsortenmerkmale in dem Artikel.

Manipulationsanreiz

Floyd Landis ist ein Kunststück gelungen: Er hat Blinde sehend gemacht. Weil der amerikanische Radprofi nach seiner Triumphfahrt in den Alpen eine positive Dopingprobe abgegeben hat, und als erster Sieger der Tour de France vom Heldensockel zu stürzen droht, sind Chefredakteure, Programmdirektoren und Intendanten des Fernsehens aufgeschreckt; plötzlich steht die Radsportberichterstattung zur Disposition. Warum erst jetzt? Warum überhaupt? Profisport, man könnte auch Show- und Kommerzsport dazu sagen, hat schließlich seit Jahren ein Dopingproblem.

Wer nun den Radsport links liegenlassen will, muss in letzter Konsequenz auch die Berichterstattung von Sportarten wie Boxen, Leichtathletik, Ski, Schwimmen, Triathlon und natürlich Fußball beenden. Ernstzunehmender Journalismus geht über das Dilemma nicht hinweg, sondern versucht in einem oft schwer auszuhaltenden Spagat alles darzustellen, was Spitzensport ausmacht: natürliche Leistung, Spannung, Leidenschaft, Sieg und Niederlage – ohne die Abgründe zu ignorieren. Zu denen gehören der Medikamentenmissbrauch, das gesundheitsschädigende Training der Turnkinder, die Magersucht der Skispringer, betrügerische Machenschaften und unheilige Allianzen, die überall dort auftauchen, wo viel Geld im Spiel ist. Vieles, jedoch nicht alles ist Doping oder Lug und Trug. Talent, Können, Willenskraft dürfen nicht übersehen werden, so wütend jeder Betrugsfall, der überdies die Vorbildwirkung des Spitzensports für Jugendliche beschädigt, auch macht.

Das Fernsehen blendet in ihrer Sportberichterstattung gerne die Grauzonen und Schattenreiche aus. Der Sport soll reibungslos funktionieren, Dramen und Helden erzeugen, die Zuschauer vor den Bildschirmen bannen. Dafür pumpt das Fernsehen viel Geld in eine kleine Spitze des Sports. Wer sich seine eigene Sportwelt zusammenkauft und als Geldgeber selbst zu den Manipulationsanreizen beiträgt, hat eine schwache moralische Position, um Forderungen zu stellen, wie dies ARD und ZDF gegenüber dem lange gehätschelten Radsport nun ultimativ tun: Bessert euch gefälligst, sonst stellen wir die Kameras ab! Das Fernsehen ist selbst gefordert: Es muss seine Berichterstattung ändern und mit blinder Heldenverehrung und stumpfen Starrummel aufhören.

jöh

1 Lies den Kommentar aufmerksam und unterstreiche im Text farbig die Schlussfolgerungen, die der Autor zieht.

2 Markiere die Argumente, mit denen der Autor die Schlussfolgerungen im Kommentar begründet.

3 Notiere mit deinen eigenen Worten stichpunktartig: Welche Meinung vertritt der Autor des Kommentars und welche Argumente führt er an?

____

____

4 Erkläre, was mit der Überschrift „Manipulationsanreiz" und dem Satz „Er hat Blinde sehend gemacht." (Z. 1f.) gemeint ist.

____

____

____

Faustrecht

Gewalt an der Schule? Da zeigt jeder mit dem Finger auf den anderen. Die Lehrer schimpfen auf die Eltern, die Eltern über die Lehrer – und alle gemeinsam auf den Staat, der in Deutschland immer alles richten soll. Das Problem wächst derweil ungebremst weiter. Allein an Baden-Württembergs Schulen hat die Zahl der registrierten Gewaltstraftaten seit 1997 um über 41 % zugenommen. Selbst wenn man berücksichtigt, dass früher nicht so genau hingeschaut und die Polizei nicht so schnell gerufen wurde wie heute, ist das ein alarmierender Befund. Überrascht sein darf freilich niemand.

Wir leben in gewalttätigen Zeiten. Terroristen töten wahllos Menschen, Staaten führen nach wie vor blutige Kriege. Das Faustrecht regiert auf großer und kleiner Bühne. Wenn schon die Erwachsenen ihre Konflikte nicht friedlich lösen können, wie sollen es dann die Kinder lernen?

Eine gewaltfreie Welt ist eine Illusion. Und doch kann jeder seinen Teil beitragen, damit es wenigstens nicht noch schlimmer wird. Gefragt sind Eltern, die sich Zeit für ihre Kinder nehmen und mit ihnen gemeinsam lernen, dass man Streit nicht mit einem Schlag ins Gesicht, sondern im Gespräch löst.

Gefragt ist aber auch der Staat. Er muss gerade in sozialen Brennpunkten stärker und entschlossener als bisher gegen Gewalt an Schulen vorgehen. Denn die Statistik lehrt auch, dass das Problem vor allem an Grund- und Hauptschulen mit hohem Ausländeranteil grassiert. Das Land ist hier zwar aktiv geworden, aber das Tempo lässt sich noch steigern.

Rainer Wehaus,
Stuttgarter Nachrichten vom 29. 09. 2004

1 Teilst du die Meinung des Autors? Begründe stichpunktartig.

____

____

! 2 Vergleiche den Bericht von Seite 78 mit dem Kommentar. Auf welche Fakten nimmt der Kommentar Bezug?

____

____

____

____

3 Beschreibe in Stichworten den Aufbau des Kommentars.

____

____

____

____

1. Elke F., Schlehdornweg 10, 14 Jahre alt

Ich persönlich finde es richtig, über solche Gewalttaten an Schulen zu schreiben. Die Öffentlichkeit soll auch erfahren, was an unseren Schulen los ist.

Erschreckend ist, dass meistens größere bzw. ältere Jugendliche Schwächere oder Kleinere, die sich nicht wehren können, gewalttätig angreifen. In Ihrem Artikel erwähnen Sie den im Jahr 2003 durch das Kultusministerium veröffentlichten Bericht zu diesem Thema. 2003 lag die Gewaltquote bei Kindern bei 31 % und die bei Jugendlichen bei ca. 51 %! Ich kann das nicht fassen, solche Kinder sind doch dann nicht richtig erzogen. Wären sie das nämlich, käme das nicht vor! Eltern müssen mehr die Verantwortung für ihre Kinder übernehmen, denn sie werden heute viel zu früh allein gelassen. Täglicher Fernsehkonsum von Gewalt-Serien löst bei manchen Jugendlichen die Lust aus, Gewalt auszuprobieren. So bekommt Brutalität etwas Alltägliches! Das ist für mich das Schlimmste.

2. Marco A., 14 Jahre alt

An vielen Schulen herrscht Gewalt! Und wenn sich zwei schlagen, kommen oft die Lehrer gar nicht hin, sie sehen es einfach nicht oder wollen es nicht sehen. Aber ich denke, vor allem die Ausländer sind bereit, Konflikte mit Gewalt zu lösen. Vielleicht weil sie strenger erzogen sind als wir und doch öfters geschlagen werden? Ja sicher, die Eltern sollten Vorbild sein, aber wenn sich schon Länder wegen irgendwelcher Erdöl-Ressourcen bekriegen, wie sollen dann Eltern und Kinder lernen, Konflikte gewaltfrei zu lösen?

An meiner Schule gibt es auch ab und zu Gewalt, und es werden sicher viele gemobbt, aber das machen die meisten nur, damit sie „cool“ sind. Der ganz normale Schwachsinn eben!

: 1 Vergleiche die beiden Leserbriefe zum Kommentar „Faustrecht“ (Seite 81). Welche Informationen werden in den Briefen aufgegriffen?

! : 2 Unterscheide in den Leserbriefen Sachargumente von der Meinung der Verfasser. Schreibe die jeweiligen Stellen heraus und stelle sie in einer Tabelle gegenüber.

1. Leserbrief

SACHARGUMENT	MEINUNG

2. Leserbrief

SACHARGUMENT	MEINUNG

Moderne Krankheiten

Eine neue Krankheit ist aufgetreten: der SMS-Daumen, eine Entzündung der Sehnen durch ständige SMS-Tipperei. So war es in dieser Woche zu lesen. Diese Krankheit wird wohl bald epidemische Ausmaße annehmen. Viele weitere werden folgen – als Tribut an den technischen Fortschritt. Etwa der Netsurfer-Buckel oder das irreversible Armzucken durch wochenlanges Fuchteln vor der Sensor-Spielkonsole. Oder die finale Mobil-Logorrhö. Sie tritt nach jahrzehntelangem Handygebrauch auf. Ganze Belegschaften von Veteranenheimen werden sich die Pillenschachtel ans Ohr halten und Banalitäten in die Gegend brüllen: „Hallooo? Jaaa … ich sitze gerade im Rollstuhl. Hier hat's heut' geschneit! Wie? … Es schneit! … Hier schneit's ganz heftig! … Schneit's bei euch auch so doll?" Ein verbreitetes Phänomen wird auch das Runzel-Geweih sein. In fünfzig Jahren bevölkern massenhaft Trägerinnen von Steißbeintattoos die Pflegeheime. Die jungen Pfleger werden rätseln, was sie zu bedeuten haben. Aber vielleicht helfen die Tattoos ja bei der schnelleren Orientierung: Wo ist vorn und wo ist hinten?

Torsten Harmsen
Berliner Zeitung vom 30.12.07

: 1 Formuliere das Thema dieser Glosse in wenigen Sätzen.

! : 2 Erkläre anhand von Beispielen aus dem Text, warum es sich um eine Glosse handelt.

: 3 Unterstreiche in der Glosse Wortschöpfungen und erschließe deren Bedeutung.

Schülerjob Trendscout

Malzbier geht gar nicht

Die Berliner Schülerinnen Jennifer und Carina haben einen ungewöhnlichen Nebenjob: Als Amateur-Scouts spüren sie neue Trends auf. Die 16-Jährigen wissen zum Beispiel, mit welchen Getränken Jugendliche sich blicken lassen können – und welche als peinlich durchfallen.

Es gibt diese Getränke, die kommen imagemäßig auf keinen grünen Zweig. Roibusch-Tee gehört etwa dazu. „Einfach eklig und irgendwie öko", kommentiert Jennifer Burkhardt, 16. Vor der Schülerin aus Berlin-Oberschöneweide liegt eine Liste von Getränken, die sie bewerten soll. Keine Überraschung: Auch Buttermilch, Tomatensaft und Kaffee sind nicht gerade nach Jennifers Geschmack.

Milchshakes findet sie eigentlich in Ordnung, doch da ist wieder dieses Imageproblem: Auch Popsängerin Sarah Connor, die gerade auf Plakatwänden mit einem Glas Milch neben ihrem Mikrofon zu sehen ist, kann das nicht ändern. „Nur weil die mit einem Milchbart fotografiert wird, trinke ich nicht mehr Milch", sagt Jennifer. Niemals würde sie öffentlich in einer Bar einen Kakao bestellen: „Das ist peinlich."

Jennifer Burkhardt arbeitet als eine von 120 Jugendlichen in Berlin als Nachwuchs-Trendscout. Dafür braucht sie keine Ausbildung, aber ein sicheres Gefühl für Marken, Trends und Meinungen. Einmal im Monat fährt sie zur Werbeagentur Cobra Youth Communication nach Berlin-Friedrichshain, wo sie an einem Tisch mit anderen Jugendlichen diskutiert, Charts entwickelt und Trends bewertet.

Dabei muss Jennifer Fragen beantworten wie: Werden gerade Turnschuhe von Nike, Puma oder Adidas getragen? Auf welchen Internetseiten sind Jugendliche unterwegs? Wofür geben junge Leute Geld aus?

Schulhof-Rätsel für sechs Euro die Stunde

An diesem Nachmittag beraten acht Mädchen und zwei Jungen über Getränke. „Viele Leute trinken Dinge, die ihnen nicht schmecken, weil sie cool sein wollen. Umgekehrt mögen wir alle Malzbier, würden es aber nie kaufen", sagt die 16-jährige Carina Kitzenmaier aus Zehlendorf. Und Jennifer analysiert: „Sogar Wasser kann Coolness-Potenzial haben. Umweltbewusstsein ist auf dem Vormarsch." Und Alkopops? „Lecker, aber zu teuer. Kaufen wir nicht mehr."

Die Mädchen wissen, dass sie für die Werbung wichtige, aber geheimnisvolle Wesen sind. Für sechs Euro in der Stunde verraten Carina und Jennifer die Rätsel ihres Schulhofs. Manchmal drückt ihnen die Agentur auch Geld in die Hand mit dem schönen Auftrag: Kauft, was euch gefällt. Die 25 Agenturmitarbeiter ziehen dann ihre Schlüsse aus den Fundstücken.

„Wir lassen jede Kampagne von Kindern oder Jugendlichen bewerten", erklärt Geschäftsführer Christopher Schering die Arbeitsweise. Ein Kinderbeirat beurteilt die Produkte für eine Zielgruppe zwischen vier und zwölf Jahren; jugendliche Trendscouts wie Jennifer und Carina sind Spezialisten für 13- bis 18-Jährige. Wer mitmachen will, kann sich bei der Agentur mit einem kurzen Profil bewerben.

Unterschieden werden die Scouts außerdem nach Schultypen, sozialen Gruppen und Spezialkenntnissen. Fährt einer von ihnen Skateboard, weiß die Agentur davon ebenso wie von einem ausgeprägten Gespür für Mode. Die Werber, zwischen 27 und 35 Jahren alt, sind „Berufsjugendliche", sagt Schering. Alle vier Wochen stellen sie der Zielgruppe ihre Arbeit vor: Kampagnen-Entwürfe, Logos, Websiten.

„Kult?" – Ist doch uncool

Trotzdem greifen auch die Cobra-Profis manchmal daneben. Selbst wenn die Werber vermeintlich nah an der Zielgruppe arbeiten, ist der Grat zwischen „credibility" und Peinlichkeit sehr schmal. Als sich etwa die Kreativabteilung der Agentur für die Deutsche Bahn eine sprechende Lokomotive einfallen ließ, handelte sie sich von ihrem Kinderbeirat eine Abfuhr erster Klasse ein. Das Urteil: kindisch, unrealistisch, einfach uncool. „Züge haben keine Gesichter", mäkelten die eingeladenen Zehnjährigen. Und auch wenn es um das „Kult-Potenzial“ von Getränken geht, darf das nur als Arbeitstitel gelten: „Es gibt einen Unterschied zwischen ‚cool‘ und ‚Kult‘“, erklärt Carina. „‚Cool‘ bedeutet neu, ‚Kult‘ ist alt und irgendwie verstaubt.“

Anders als Erwachsene, die sich für Qualität und das Preis-Leistungs-Verhältnis interessieren, stünden Teenager auf Innovation und Unterhaltung, sagt Agenturchef Schering. Die Jugendlichen wiederum beeinflussten ihre Eltern: Bei 60 Prozent aller Käufe von Mercedes-Vans sollen junge Leute ihre Eltern verführt haben. Grund genug für große Unternehmen wie Lufthansa oder Mercedes, sich in eigens konzipierten Kampagnen an Jugendliche zu wenden – schließlich soll sich ein Markenbewusstsein schon ab dem vierten Lebensjahr entwickeln.

Im Getränke-Rat bei Cobra Youth entstehen Ideen wie die, dass der Rapper Bushido im Fernsehen ein Malzbier anpreisen könnte, das endlich mal nicht in einer braunen Pfandflasche verpackt wäre. „Könnte ganz okay sein“, finden die Trendscouts und schlagen außerdem Til Schweiger oder David Beckham als Galionsfiguren vor. Dass ein Star zum Konsum eines Getränks aufruft, stört sie nicht. Sie sehen ein anderes Problem: Es gäbe viel zu viele Promis, als dass Werbung wirklich funktionieren würde.

Auch die Milchkampagne hat es schwer, trotz Sarah Connor. Es gibt nämlich ein Konkurrenzgetränk, das einheitlich Bestnoten von Jennifer, Carina und den anderen Trendscouts abstaubt, eine Limonade, die eigentlich keine Werbung mehr braucht – weil sie sowieso schon alle trinken: Cola.

Carola Padtberg

1 Lies die Reportage und beantworte in Stichworten die Fragen:

Warum hat die Autorin die Reportage geschrieben? ____________________

____

Worauf möchte die Autorin aufmerksam machen? ____________________

____

Wen möchte die Autorin interessieren? ____________________

____

! 2 Markiere in dem Text mit zwei verschiedenen Farben Stellen, welche eine persönliche Sichtweise zeigen, und Stellen, welche Fakten enthalten.

3 Fasse die Informationen in einem eigenen Text zusammen, welche die Reportage über die Arbeit der Firma „Cobra Youth Communication“ enthält.

____

____

! 4 Wie gelingt es der Autorin, ihre Reportage lebendig zu gestalten? Gehe in deiner Antwort auch auf die Sprache des Artikels ein. Notiere Stichpunkte. Arbeite im Heft.

Kurt Sigel: Selbstaussage

Kurt Sigel,
geb. 1931 in Frankfurt/Main

[…] Warum schreiben Sie?
Ich schreibe vor allem deshalb, weil es mir Spaß macht – und natürlich auch, um mein Bewusstsein zu schärfen und meine Sensibilität zu aktivieren. Ich schreibe über Dinge, die mich faszinieren, die mich bewegen und erschüttern. Die Anlässe und Motivationen dazu sind recht unterschiedlich: es kann eine kleine Zeitungsnotiz sein, eine Fernsehsendung, ein Buch, ein Erlebnis. – Manchmal genügt eine Zeile, ein Bild oder ein plötzlicher Einfall: alles Reizmittel sozusagen, die mich zu einem Gedicht animieren können.

Warum schreiben Sie auch in Frankfurter Mundart?
Die Mundart ist ein Medium, in dem ich mich als Poet wesentlich ungehemmter und ungezwungener tummeln kann als in der Hochsprache. Ich kann darin saftige Frivolitäten formulieren, Dinge also, die in Hochdeutsch obszön wirken müssten. Oder: Gesellschaftskritik, in dem deftigen Humor der Mundart verpackt, wird für den einfachen Mann auf der Straße – der sich sonst einen Dreck um Poesie kümmert – eher verständlich. Vielleicht wird er sich ermuntert oder provoziert fühlen und sich nun echt auseinandersetzen.

✻ **obszön:** unanständig

Außerdem: der Anlass meiner Reimereien in Frankfurter Mundart ist nicht selten der spontane Wunsch und die gelegentlich böse Lust, die einheimischen Bürger mit ihrer eigenen Sprache auf den Arm zu nehmen.

Ist es richtig, wenn man Sie als Dialektdichter bezeichnet?
[…] Überdies gibt es Missverständnisse, wenn man den Mundartdichter mit der Vorstellung des Heimatdichters verbindet. Ich will ja gar nicht die Reihe der Frankfurter Lokalpoeten um einen vermehren oder gar Heimatdichtung produzieren. Gerade das Gegenteil ist der Fall. Mit jenen, die lokalen Mief oder Idylle beschreiben, habe ich nichts zu tun. Ich benutze den Dialekt vielmehr als literarisches Mittel, es ist für mich Vorwand und Tarnung zugleich, um diese Gesellschaft unverblümt darstellen und kritisieren zu können. […]

Kurt Sigel ist gelernter Schriftsetzer und arbeitete u.a. als Grafiker und Galerieleiter in Frankfurt. Seit 1982 ist er freier Poet und Schriftsteller. Sigel bekam verschiedene Förderpreise für seine Gedichte, Erzählungen, Satiren, hessischen Mundarttexte und Romane. Ironie, Sprachspiel, Nonsens und mundartlicher Bänkelsang zeichnen viele seiner Verse aus.

1 Untersuche, wie der Interviewer das Gespräch lenkt. Um welche Art von Interview handelt es sich?

! 2 Gib in der indirekten Rede wieder, warum Kurt Sigel in Frankfurter Mundart schreibt.

A … ist eine gezielte Befragung einer Person zu einem bestimmten Thema. Fragen stellt meist ein Journalist zum Zweck der Veröffentlichung. Oft geht es um Themen, zu denen die befragten Personen etwas Wesentliches zu sagen haben. Setzt eine gute Vorbereitung voraus. Das Gespräch muss wörtlich wiedergegeben werden. Im Vorspann muss Antwort auf die wichtigste Frage gegeben werden.

B … ist die kürzeste Form der Information. Das Wesentliche einer Meldung wird kurz und knapp wiedergegeben. Die W-Fragen müssen beantwortet sein: Wer? Wo? Wann? Was? Wie? Warum? Ist oft einspaltig auf der Titelseite zu finden.

C … enthält die Meinung des Verfassers und trägt so zur Meinungsbildung des Lesers bei,
- nimmt Stellung zu einem aktuellen Ereignis/ Thema,
- es wird argumentiert.

Der Einstieg sollte zum Weiterlesen anregen, im Hauptteil sollten Argumente genannt und abgewogen werden. Zum Schluss wird die eigene Meinung noch einmal auf den Punkt gebracht. Oder es wird an andere Leser appelliert.

1 … die beiden Jugendlichen saßen äußerlich regungslos und schienen die eindringlichen Worte des Richters nicht zu verstehen. Auf seine Frage, ob ihnen der Mann, den sie zusammengetreten hatten, denn nicht leidgetan hätte, zuckten sie nur verständnislos mit den Schultern …

2 … Auch die Familien der beiden 15- und 16-jährigen Angeklagten waren im Gerichtssaal. Die Geschwister verließen immer wieder weinend den Saal, als der Richter die Anklageschrift verlas …

3 … wurde ein Obdachloser schwer verletzt an der Endhaltestelle der Stadtbahnlinie 4 gefunden. Er wurde sofort in das Marienhospital eingeliefert, wo er noch in der Nacht seinen Verletzungen erlag.

E … gibt eine Meldung ausführlich und sachlich wieder, er enthält sich jeglicher persönlicher Meinung.

D … Hier kann sich der Leser zu einem Thema äußern, so wie der Kommentar die Meinung des Journalisten darstellt. Deshalb sollte er ähnlich wie ein Kommentar aufgebaut sein.

1 *Leserbrief, Bericht, Nachricht, Kommentar, Interview* – was ist was? Ordne die Textblöcke A–E und die Beispiele 1–3 den journalistischen Textsorten zu.

Leserbrief: ☐

Bericht: ☐

Nachricht: ☐

Kommentar: ☐

Interview: ☐

WERBUNG IN PRINTMEDIEN ANALYSIEREN

: 1 Vergleiche die Werbeanzeigen miteinander. Aus welchen Elementen bestehen die Anzeigen jeweils? Beschrifte die Elemente. Notiere Gemeinsamkeiten.

____

____

! : 2 Untersuche Aufbau, Gestaltung und Wirkung der einzelnen Anzeigen genauer. Vergleiche dann die verschiedenen Werbestrategien miteinander. Überlege jeweils, welches Frauenbild dargestellt und welches Leitbild angesprochen wird.

	ANZEIGE VON AEG	ANZEIGE VON COCA-COLA	ANZEIGE VON CALVIN KLEIN
AUFBAU			
GESTALTUNG			
WIRKUNG			
WERBESTRATEGIEN			
FRAUENBILD			
LEITBILD			

Metapher BUNG Doppeldeutigkeit WER Schlagwort WIRKT

englische Wörter VOR Wortneuschöpfung SICHT

: 3 Notiere die passende Bezeichnung der sprachlichen Mittel zu den entsprechenden Werbesprüchen. Wenn die Reihenfolge stimmt, ergibt sich aus den Silben ein Lösungssatz.

Hightech-Gerät ______________________

Perwol ______________________

ProBier Bier ______________________

himmlisch ______________________

Bio-Fleisch ______________________

LÖSUNGSSATZ: ....

Statt Dow Jones, Nikkei und Dax: Hier ein paar Zahlen, die Freude spenden.

1310 Menschen in Wohnheimen. **200** Schüler/innen in Sonderschulen. **1000** Beschäftigte in **7** Werkstätten. **120** Plätze für Betreutes Wohnen. **1075** geförderte junge Menschen. **150** Ausbildungsplätze für soziale Berufe... Mit diesen verschiedensten sozialen Einrichtungen erfahren in der Diakonie Stetten heute Kinder, Erwachsene und Senioren mit und ohne Behinderungen Förderung, Hilfe und Freude. Es liegt in unser aller Hände – und in unser aller Interesse –, dass Menschen mit Behinderungen normal am Leben der Gesellschaft teilhaben können. Wir bedanken uns schon jetzt für Ihre Spende.

Förderung, Ausbildung, Arbeit, Wohnen:
Diakonie Stetten e.V., Schlossberg 2, 71394 Kernen bei Stuttgart, Tel. 07151/940-0, www.diakonie-stetten.de
Spendenkonto: Kerner Volksbank eG, Kto. 333 000, BLZ 602 626 93

diakonie **stetten**
Im Menschen den Menschen sehen

4 Vergleiche die Parfüm-Werbung mit der Darstellung der Menschengruppe auf der Werbeanzeige der Diakonie Stetten.

- Achte auf die Gestaltung der Werbeanzeige (z. B. auf Bild, Grafik, Überschrift, Schriftgröße).
- Schaue dir die Personen genauer an (z. B. Kleidung, Frisur, Mimik und Gestik). Welche Vorstellungen sollen beim Adressaten geweckt werden?
- Welche der Personen wärst du gern? Begründe deine Meinung.
- Passt der Produktname zur Werbeanzeige?
- Notiere Stichpunkte.

____

____

____

____

____

Der KIA Carens und der KIA Carnival – ein großes Vergnügen für die ganze Familie. Der KIA Carens ist an Flexibilität kaum zu übertreffen. Sein variabler Innenraum bietet Ihnen neben viel Platz und Komfort für 5 Personen ein Ladevolumen von bis zu 1632 Litern. Falls Ihnen das noch nicht reicht, wird Sie der KIA Carnival sicher überzeugen: Der 7-Sitzer beeindruckt durch einen Stauraum von bis zu 2059 Litern und eine umfangreiche Serienausstattung. Am besten, Sie testen die beiden Großen jetzt bei einer Probefahrt.

5 Markiere im Werbetext der Anzeige (siehe Seite 92) alle Ausdrücke und Wendungen, die wertend sind.

6 Formuliere die Aussagen so um, dass sie einen werbenden Charakter bekommen.

a) Der Wagen beschleunigt von 0 auf 100 Kilometer in 7,7 Sekunden.

____

____

b) Der Wagen verbraucht durchschnittlich 7,5 Liter Normalbenzin auf 100 Kilometer.

____

____

c) Der Wagen hat jeweils einen Airbag für den Fahrer und den Beifahrer.

____

____

: 7 Welche Aufgaben haben deiner Meinung nach die einzelnen Elemente in der Werbeanzeige? Was wird mit ihnen jeweils ausgesagt?

Headline („Große Klappen, viel dahinter."): ______________________________

____

Bild: ______________________________

____

Logo und Slogan („KIA MOTORS The Power to Surprise"): ______________________________

____

Werbetext („Der KIA Carens …"): ______________________________

____

: 8 Überprüfe, ob mit der Anzeige die folgenden Strategien verfolgt werden oder nicht. Wenn du ein „Ja" angekreuzt hast, dann finde ein Beispiel.

STRATEGIEN DER WERBESPRACHE	JA	NEIN	BEISPIEL
Appell an die Gefühle	☐	☐	
versteckte Kaufappelle	☐	☐	
Argumente für den Nutzen des Produkts	☐	☐	
Appell an unterschwellige Bedürfnisse und deren Befriedigung	☐	☐	
Versprechungen	☐	☐	

Für Jungs, die damals schon Männer waren. (Werbung für das Auto VW Golf)	Die Zeit vergeht. Die Fältchen auch. (Werbung für Eubos Augenpflege)
______________________	______________________
Für Massenhersteller ist es eine Nische. Für uns Lebensinhalt. (Werbung für die Automarke Porsche)	**Tage, die die Welt bewegen** (Werbung für die Zeitung „Die Welt")
______________________	______________________

9 Ordne die Werbesprüche den unterschiedlichen Werbestrategien (siehe Seite 60) zu.

! 10 Untersuche Bild und Text der Werbeanzeige:
- sprachliche Mittel
- Appell an den Käufer
- Gehalt der Sachinformationen
- Farbe und Schriftarten (Was wird hervorgehoben? Welche Farben werden verwendet?)
- Übereinstimmung von Schrift und Bild

An welche Zielgruppe wendet sich der Text?

____

____

____

____

____

____

____

____

11 Formuliere Merkmale für gute Werbung.

____

____

____

LÖSUNGEN

Seite 14, Aufgabe 1

Tageszeitungen: 4; Wochenzeitungen: 1; Abonnementzeitungen: 1, 4; Boulevardpresse: 2; Fachzeitschriften: 3; Nachrichtenmagazine: 6; themenorientierte Zeitschriften: 3, 5; Zeitschriften für bestimmte Lesergruppen: 3, 5, 7

Seite 15, Aufgabe 2

ZEITUNGEN	ZEITSCHRIFTEN
• vermittelt vor allem Aktuelles • gegenüber Zeitschriften geringere Spezialisierung auf bestimmte Themen und ein bestimmtes Publikum • gegenüber Zeitschriften meist weniger stark bebildert	• vermitteln weniger Aktuelles • gegenüber Zeitungen größere Spezialisierung auf bestimmte Themen und ein bestimmtes Publikum • gegenüber Zeitungen meist stärker bebildert

Seite 15, Aufgabe 3

die Leser informieren

Seite 15, Aufgabe 4

die Leser unterhalten, zur Meinungsbildung der Leser beitragen

Seite 16, Aufgabe 5

Politik, Lokales, Wirtschaft, Kultur, Sport

Seite 16, Aufgabe 6

Politik; Artikel ist von überregionaler Bedeutung; berichtet über einen politischen Sachverhalt

Seite 16, Aufgabe 7

Politik; Artikel ist von überregionaler Bedeutung und berichtet über eine Studie, die von politischen Instanzen in Auftrag gegeben wurde

Seite 17, Aufgabe 8

Ereignis: Frank-Walter Steinmeier und sein türkischer Kollege Abdullah Gül stellen in Istanbul die „Ernst-Reuter-Initiative" vor.

Seite 17, Aufgabe 9

Die Redaktion der Zeitung wusste, dass die Initiative vorgestellt wird, und schickte eine Reporterin zu der Veranstaltung.

Seite 34, Aufgabe 1

Die Autorin begrüßt die Initiative. Das wird durch den letzten Satz deutlich gemacht, in dem die Verfasserin des Artikels eine Vermutung aufstellt und in Form des Wunsches (Konjunktiv II) „der Verständigung könnte es dienen" ihre Meinung äußert.

Seite 34, Aufgabe 2

Nachricht: Artikel enthält neben den Basisinformationen im ersten Absatz weitere Einzelinformationen und geht auch auf die Details des Projektes ein. Man könnte ihn vom Ende her kürzen.

Seite 34, Aufgabe 3

a) falsch; b) falsch; c) richtig; d) richtig

Seite 35, Aufgabe 5

a) falsch; b) falsch; c) richtig; d) falsch; e) richtig; f) richtig

Seite 35, Aufgabe 6

	BERICHT	REPORTAGE
TEXTANFANG	enthält Informationskern der Nachricht	beginnt mit einem persönlichen Erlebnis oder Eindruck
SPRACHE	sachlich, einfach, nicht wertend	anschaulich, lebendig, spannend, wertend
ABSICHT	die Leser über etwas informieren	die Leser für etwas interessieren

Seite 35, Aufgabe 7

a) eigene Erlebnisse oder Erlebnisse von anderen; b) der Beschreibung eines konkreten Einzelfalls; c) Inhalt und Medien

Seite 36, Aufgabe 8

1. Warum spricht man bei der Klimaerwärmung vom Treibhauseffekt?
2. Inwiefern (greift der Mensch immer stärker in die Atmosphäre ein)?
3. Wie verändert sich die Atmosphäre?
4. Und welche Folgen hat das?

Seite 65, Aufgabe 1

a) richtig; b) richtig; c) falsch; d) falsch; e) falsch; f) richtig

Seite 66, Aufgabe 2

Die Headline ist oben in das zentrale Produktbild integriert. Dem Bild, das ungefähr eine Dreiviertelseite einnimmt, folgt der Werbetext. Unten rechts stehen das Logo und der Slogan.
Die Headline weist auf einen sauberen Motor hin, was das Bild mit dem Auto in der Landschaft belegen soll. (Botschaft: Der Motor ist umweltfreundlich und zerstört nicht die Natur.) Zugleich fährt das Auto (zentrales Produktbild) in Richtung Hockenheim. (Botschaft: Der Motor ist so gut, dass Sie mit ihm Rennen fahren können.) Daraus ergibt sich die zentrale Botschaft: Unser Auto ist sowohl leistungsstark als auch umweltfreundlich. Die genauen Daten werden im Werbetext unter dem Bild präsentiert. Der Slogan „Nichts ist unmöglich.", der zweimal auftritt, soll dem Markennahmen ein positives Image verschaffen; er soll sich zusammen mit dem Logo von TOYOTA einprägen.

Seite 66, Aufgabe 3

1. Versprechen/Bewertungen; Das Auto ist leistungsstark und umweltfreundlich.
2. Appell an das unterschwellige Bedürfnis, ein schnelles Auto zu fahren

Seite 66, Aufgabe 4

- FESTE feiern: Doppeldeutigkeit, Wortspiel („ein Fest feiern" und „feste (kräftig) feiern"
- superlight: englische Wörter, Steigerung (nicht nur „light", sondern „superlight")

Seite 68/69, Aufgabe 3

(spaltenweise gelesen): 1, 3, 5, 7, 13, 8, 12, 2, 6, 4, 9, 11, 10

Seite 73, Aufgabe 2

Lösungswort: Literatur

Seite 87, Aufgabe 1

Leserbrief: D; Bericht: E, 1, 2; Nachricht: B, 3; Kommentar: C; Interview: A

Seite 89, Aufgabe 3

Lösungssatz: Vorsicht, Werbung wirkt!

Stichwortverzeichnis

Textquellen

S. 11: Thomas Agthe: In Gelddingen; Christian Rath: Berliner Linke ...; Sportinformationsdienst: Unsicherheit; dpa: Munch-Bild eingefordert; aus: Kölner Stadt-Anzeiger, Nr. 51 vom 01. 03. 2006;
S. 15: Christiane Schlötzer: Annähern durch Erinnern; aus: Süddeutsche Zeitung Nr. 205 vom 06. 09. 2006, München, S. 10;
S. 16: Jugendliche rauchen weniger, aus: FAZ vom 26. 07. 2006;
S. 19: Der „schiefe Turm" von Köln steht wieder gerade; aus: Kölner Stadt-Anzeiger vom 26. 10. 2005, Köln;
S. 15: Schiefer Turm wird aufgerichtet; aus: Kölnische Rundschau vom 21. 10. 2005;
S. 20: Tim Steinauer: KVB-Fahrer mit Stein beworfen; aus: Kölner Stadt-Anzeiger Nr. 51 vom 01. 03. 2006;
S. 23: Christoph Groneck: Der schiefe Turm von Köln; aus: Nachrichtenblatt Nr. 176, 4/2004, Informationen zur Verkehrspolitik im Rheinland, Hrsg. vom Arbeitskreis Schienenverkehr im Rheinland Köln/Bonn/Koblenz, PRO BAHN Rhein-Sieg, den Straßenbahn- und U-Bahn-Freunden Köln, der I. G. Rurtalbahn und Eifelbahn e. V., S. 4;
S. 24: Sigrun Müller-Gerbes: Aufgeblasene Debatte; aus: Neue Westfälische, Gesamtausgabe, Seite Kultur/Medien vom 09. 02. 2006;
S. 26: Rezension; aus: Marburger Forum, Beiträge zur geistigen Situation der Gegenwart Jg. 3 (2002), Heft 5, Autor: Herbert Fuchs und Max Otto Lorenzen; unter: http://www.philosophia-online.de/mafo/heft2002-05/Creeps;
S. 28: Torsten Harmsen: Deutsche, küsst!; aus: Berliner Zeitung vom 17. 11. 2007;
S. 28: Uwe Ebbinghaus: Sprechen Sie Duden?; aus: http://www.faz.net/s/Rub475F682E3FC24868A8A5276D4FB916D7;
S. 29: Katharina Beckmann: Hinter den Kulissen der WM; aus: GEOlino Nr. 06/06, Gruner + Jahr AG & Co KG, Hamburg;
S. 30: Eva Onkels: Auf der Suche nach dem Takt; aus: Sonderbeilage der Rheinischen Post zum ZISCH (Zeitung in der Schule) – Projekt der Augsburger Allgemeinen und Allgäuer Zeitung, betreuender Redakteur Ralf Jüngermann;
S. 32: Gewalt ist sehr attraktiv; Interview der Redakteure der Wochenpost Jürgen Gottlich und Manuela Thieme mit Prof. Wilhelm Heitmeyer; aus: Wochenpost Nr. 32 vom 01. 08. 1996, S. 8 f.;
S. 44: Bettina Böse: Das sind Deutschlands dreckigste Badeseen; aus: Bildzeitung vom 26. 05. 2006;
S. 45: Ungetrübter Badespaß; Häufige Badeverbote; Strengeres Reinheitsgebot; aus: STIFTUNG WARENTEST online 22. 05. 2006; unter: http://www.stiftung-warentest.de/filestore/public/82/81/8d9aa646-cf48-455b-a720-f121f4be9b9b-file.pdf, © Stiftung Warentest, Berlin 2006;
S. 46: Ungetrübter Badespaß: Badeseen in Sachsen; unter: http://www.mdr.de/ratgeber/gesundheit_ernaehrung/717396-hintergrund-717080.html vom 16. 08. 2006, © mdr 2008;
S. 47: Regeln für einen fairen Journalismus; unter: http://www.presserat.de/8.html, © Deutscher Presserat, Bonn;
S. 47: Gründliche und faire Recherche; aus: Stilfibel Recherche, unter: www.sz-online.de/schueler-und-zeitung/ (Sächsische Zeitung, Dresden)
S. 70: Schulbuch- und Bildungsverlage; unter: http://www.warum-verlage.de/content/view/147/59/ vom 13. 12. 2007, © Börsenverein des Deutschen Buchhandels, Frankfurt a.M. 2007;
S. 73: Nachbesserung bei Pflege, Zwei Verletzte bei Unfall, Karstadt: Programm zur Rettung, „Heimat" rückt in weite Ferne, Neuer Trainer auf Schalke?; aus: Kölnische Rundschau, zitiert nach „Zeitungsleser wissen mehr" 2004, UE1, S24, ein Projekt von PROMEDIA, Medienpädagogische Schulung und Beratung, Alsdorf, www.promedia-germany.de;
S. 74: Strafen für Rassismus im Fußball erhöht; aus: Frankfurter Allgemeine Zeitung Nr. 176/31D vom 01. 08. 2006, S. 29;
S. 74: Neun Milliarden für Auslandseinsätze; aus: Süddeutsche Zeitung Nr. 176 vom 02. 08. 2006, S. 6;
S. 74: Multimedia-Handys sind sehr gefragt; aus: Frankfurter Allgemeine Zeitung Nr. 175 vom 31. 07. 2006, S. 15;
S. 75: Drehtage im Pott; aus: Frankfurter Allgemeine Zeitung Nr. 176/31D vom 01. 08. 2006, S. 36;
S. 77: Rentnerin von Kampfhund getötet; aus: Frankfurter Allgemeine Zeitung Nr. 170 vom 25. 07. 2006, S. 7, Autor: Robert von Lucins;
S. 78: An vielen Schulen regiert Gewalt; aus: Stuttgarter Nachrichten vom 29. 09. 2004, S. 8;
S. 79: Mobben und Erpressen im Schulalltag; aus: Berliner Morgenpost vom 15. 02. 2005;

S. 80: Manipulationsanreiz; aus. Frankfurter Allgemeine Zeitung Nr. 174/30D vom 29.07.2006, S. 1;
S. 81: Rainer Wehaus: Faustrecht; aus: Stuttgarter Nachrichten vom 29.09.2004, S. 14;
S. 83: Torsten Harmsen: Moderne Krankheiten; aus: Berliner Zeitung vom 30.12.2007, S. 4;
S. 84: Carola Padtberg: Schülerjob Trendscout; unter: unter: http://www.spiegel.de/schulspiegel/0,1518,407513,00.html, Artikel vom 13.04.2006, Autorin: Carola Padtberg, © SPIEGEL ONLINE 2006;
S. 86: Kurt Sigel: Selbstaussage; aus: Gegenreden – Quergebabbel, Hessische Mundartsprüche, Gedichte, Redensarten, Claasen Verlag Düsseldorf 1978, S. 137 f.

BILDQUELLEN

S. 6: Stuttgarter Zeitung, Stuttgart;
S. 6: Heinrich Bauer Zeitschriften Verlag, Hamburg;
S. 6: CHIPimages, München;
S. 6: Gruner & Jahr AG + Co, Hamburg;
S. 7: Argus (Peter Frischmuth), Hamburg;
S. 7: Picture-Alliance (dpa/Torsten Leuker), Frankfurt a. M.;
S. 7: Avenue Images GmbH, Hamburg;
S. 7: Norbert Schäfer Pictures, Düsseldorf;
S. 7: Picture-Alliance (dpa/Oliver Berg), Frankfurt a. M.;
S. 8: Titelseite des Kölner Stadt-Anzeigers vom 01.03.2006;
S. 9: Titelseite des Kölner Stadt-Anzeigers vom 17.01.2006/Nr. 14;
S. 14: © Brigitte/Picture Press;
S. 14: Focus Magazin Verlag, München;
S. 14: Olympia Verlag GmbH, Nürnberg;
S. 14: Erhard Friedrich Verlag, Seelze;
S. 14: Verlag Rheinischer Merkur, Bonn;
S. 14: Berliner Verlag GmbH, Berlin;
S. 14: Axel Springer Verlag AG, Hamburg;
S. 23: Picture-Alliance (dpa/Oliver Berg), Frankfurt a. M.;
S. 26: Uckermärkische Bühnen Schwedt (Udo Krause), Schwedt;
S. 29: Picture-Alliance (dpa/Felix Heyder), Frankfurt a. M.;
S. 31: Picture-Alliance (dpa/Euyo/Pete Jo), Frankfurt a. M.;
S. 36: Superbild (Phanie), Taufkirchen/München;
S. 42: AP (Itsuo Inouye), Frankfurt a. M.;
S. 42: L. Tom Perry Special Collections, Harold B. Lee Library, Brigham Young University, Provo, Utah (Helen Foster-Snow);
S. 42: L. Tom Perry Special Collections, Harold B. Lee Library, Brigham Young University, Provo, Utah (Helen Foster-Snow, bearb.);
S. 44: Das Fotoarchiv (Joachim Schumacher), Essen;
S. 45: © Stiftung Warentest, test 06/2006, www.test.de.;
S. 46: Wikimedia Foundation Inc. (André Karwath/Creative Commons), St. Petersburg FL;
S. 59: Ford-Werke, Köln;
S. 60: Deutsche Lufthansa AG, Frankfurt a. M.;
S. 60: Getränke Hörl GmbH, Vohburg/Rockolding;
S. 66: Toyota Deutschland GmbH (Ivo Renner), Köln;
S. 78: Volkmann, Alexander, Weinbergen;
S. 86: Picture-Alliance (dpa/Fabian Matzerath), Frankfurt a. M.;
S. 88: Kultur- und werbegeschichtliches Archiv Freiburg kwaF (AEG);
S. 88: aus: Die Leistung, Jg. 13, Heft 105 (Coca Cola);
S. 88: aus: Der Spiegel, Nr. 38/1998 (Calvin Klein);
S. 90: Corbis (SIE Productions/zefa), Düsseldorf;
S. 90: PantherMedia GmbH (Martina Heggie), München;
S. 90: Diakonie Stetten, Kernen;
S. 92: KIA MOTORS Deutschland GmbH, Bremen;
S. 93: Renault Nissan Deutschland AG, Brühl;

1. Auflage 1 5 4 3 2 1 | 2012 11 10 09 08

Alle Drucke dieser Auflage sind unverändert und können im Unterricht nebeneinander verwendet werden. Die letzten Zahlen bezeichnen jeweils die Auflage und das Jahr des Druckes.

www.klett.de

Layout- und Umschlagskonzeption:
one pm, Grafikdesign Petra Michel, Stuttgart
Illustrationen: Cornelia Kurtz, Boppard; Eike Marcus, Berlin; Jörg Mühle, Frankfurt/Main; Inge Voets, Berlin
Redaktion: Susanne Altmann-Liebold
Herstellung: Carina Riehl

Repro: Meyle + Müller Medien-Management, Pforzheim
Satz: Markus Schmitz, Büro für typografische Dienstleistungen, Altenberge
Druck: Media-Print Informationstechnologie GmbH, Paderborn

Printed in Germany

ISBN 978-3-12-314033-4